The Grace and Duty of
Being Spiritually Minded

John Owen

그레이트 크리스천 클래식 3

영의 생각
육의 생각

영의 생각은 하나님의 사랑을 받아들일 수 있는 유일한 마음 자세이며, 하나님의 사랑을 제대로 인식할 수 있는 유일한 마음 상태이다. 또한 영적인 특권들을 올바르게 활용하는 법을 알 수 있는 유일한 태도인 동시에 죄악의 영향으로부터 우리를 지킬 수 있는 유일한 방패이다.

존 오웬 지음 | 김태곤 옮김

생명의말씀사

THINKING SPIRITUALLY
by John Owen

Copyright ⓒ 1989 by Grace Publications Trust,
7 Arlington Way,
London EC1R 1XA, England.
All rights reserved.

Korean Edition published by Word of Life Press, Seoul, 2011.
Translated and published by permission.
Printed in Korea.

영의 생각 육의 생각

ⓒ **생명의말씀사** 2011

2011년 8월 10일 1판 1쇄 발행
2024년 12월 10일   8쇄 발행

펴낸이 | 김창영
펴낸곳 | 생명의말씀사

등록 | 1962. 1. 10. No.300-1962-1
주소 | 서울시 종로구 경희궁1길 6 (110-062)
전화 | 02)738-6555(본사) · 02)3159-7979(영업)
팩스 | 02)739-3824(본사) · 080-022-8585(영업)

기획편집 | 태현주, 조해림
디자인 | 박소정, 박인선
인쇄 | 영진문원
제본 | 다온바인텍

ISBN 978-89-04-15956-7 (04230)
ISBN 978-89-04-00152-1 (세트)

저작권자의 허락 없이 이 책의 일부 또는 전체를
무단 복제, 전재, 발췌하면 저작권법에 의해 처벌을 받습니다.

영의 생각
육의 생각

저자 소개

청교도의 황태자 존 오웬,
개혁 신학의 최고봉에 오른 위대한 영적 거인
John Owen, 1616–1683

'영국의 칼빈', '청교도의 황태자', '청교도들의 다윗 왕' 등등의 극찬을 받고 있는 존 오웬은 흔들림 없는 믿음과 일관되고 균형 있는 가르침, 예리한 통찰로 이후의 개신교도들에게 막대한 감화와 영향을 끼친 위대한 개혁 신학자로 아우구스티누스 Aurelius Augustinus, 마르틴 루터 Martin Luther, 존 칼빈 John Calvin 을 잇는 영적 거인이다.

그는 대학 도시 옥스퍼드 북쪽의 시골 마을 스태드햄프턴에서 교구 목사 헨리 오웬 Henry Owen 의 둘째 아들로 태어났다. 경건한 명문가의 혈통을 이어받은 그는 12세의 나이에 옥스

The Grace and Duty of
Being Spiritually
Minded

퍼드 대학교에 입학할 만큼 뛰어난 지적 능력을 갖고 있었다. 그는 대학을 졸업할 즈음 이미 수많은 고전에 통달해 있었고, 헬라어와 라틴어를 유창하게 구사하였으며, 히브리어와 랍비들에 관한 지식에 있어서도 비견할 바 없이 탁월했다.

그러나 독실한 청교도 목회자였던 아버지의 영향으로 경건한 삶을 살고 있기는 했지만, 그가 진정으로 구원의 확신을 얻은 것은 런던

존 오웬이 수학한
옥스퍼드 대학교 퀸스칼리지 전경

저자 소개

체류 중 우연히 한 시골 목사의 설교를 듣고 난 후였다.

친척집에서 지내던 1642년의 어느 주일날, 그는 당시 유명한 장로교 목사였던 에드먼드 캘러미Edmund Calamy의 설교를 듣기 위해 올더먼베리 예배당 주일 예배에 참석했다. 공교롭게도 그 날은 그의 기대와는 달리 한 무명의 방문 목사가 설교단에 올랐고, 그의 설교가 오웬에게는 결정적이고 실제적인 하나님의 손길이 되었다.

런던에 소재한 올더먼베리 예배당 자리.
이 예배당은 1666년 런던 대화재 때 소실되었다.

청교도 혁명을 이끌었던 올리버 크롬웰

이때 경험한 죄에 대한 깊은 각성과 길고 처절했던 고민은 굳건한 확신으로 이어졌고, 이 확고한 회심의 경험은 그의 신학이 사변적으로 흐르는 일을 막아 주었으며 이후로 언제나 실제적으로 자신과 성도의 거룩을 추구하게 하였다.

청교도 혁명의 와중에 의회에서 여러 차례 설교할 기회를 얻으면서 혁명을 이끌었던 올리버 크롬웰Oliver Cromwell과 친분을 쌓게 되었고 그의 군종 목사를 지내기도 했다.

결국 크롬웰의 영향력으로 1652년 옥스퍼드 대학교 부총

저자 소개

존 오웬의 고향, 옥스퍼드셔 주 스태드햄프턴의 전경

장의 자리에 올라 6년에 걸쳐 관대하면서도 확고한 지침으로 효과적인 행정을 펼쳤다.

그러나 이처럼 여러 면에서 인연이 깊었던 크롬웰이 사망하고 왕정이 복구되고 나서는 오웬의 남은 인생은 반 추방 형태로 집에서만 지내는 것이 되고 말았다. 하지만 그 기간이야말로 오웬이 목사요 설교가로서의 진가를 발휘할 수 있었던 때였다.

이 시기에 배출해 낸 그의 저작들은 당대뿐 아니라 지금까지도 청교도 사상을 이어받은 개신교도들에게 엄청난 영향력을 끼치고 있다. 80여 권에 달하는 그의 주옥 같은 작품들은 삼위일체론, 신론, 기독론, 성령론, 구원론, 예정론, 성경의 무오성 등등에 걸친 것들로 기독교의 진리를 누구보다 방대하고 체계적으로 저술하고 있다.

자신이 이해한 심오한 은혜의 교리와 하나님의 나라의 비밀을 전하는 데 있어 흐트러짐이 없었던 그는 문자 그대로 개혁 신앙의 최고봉이었다.

비국교도들의 전통적인 묘지인 번힐필즈에 있는 존 오웬의 묘

들어가는 글

생명과 평안으로 이끄는
영의 생각

이 책은 존 오웬John Owen의 『영의 생각의 은혜와 책임』The Grace and Duty of Being Spiritually Minded을 읽기 쉽고 이해하기 편하도록 필립 그리스트Philip Grist가 요약한 것을 다시 오늘날의 독자를 위해 다듬은 것이다.

『영의 생각의 은혜와 책임』은 1681년에 처음 출간되었다. 오웬이 영성의 중요성에 관해 묵상하면서 병상 생활을 하고 난 후의 일이었다. 그 서문에서 존 오웬은 이렇게 이야기하고 있다.

"나는 본서의 특성과 집필 의도를 독자에게 간략히 설명

The Grace and Duty of
Being Spiritually
Minded

해야 한다고 생각한다. 이것은 본서를 이해하는 데 도움이 될 것이다. 독자는 본서의 내용이 원래는 나 자신의 묵상임을 알 수 있을 것이다. 원래 나는 다른 이들을 가르칠 수 있을 거라는 생각을 전혀 하지 않았다. 혼자 묵상하는 것으로 만족하던 중, 하나님의 은혜로 기력이 어느 정도 회복되자 묵상했던 내용을 교회에서 강연할 수 있게 되었다."

앞서도 말했지만, 당시 오웬은 매우 병약했었고, 그래서 곧 자신이 죽을 거라고 생각하고 있었다.

오웬은 그리스도인이 세상에서 합법적으로 누릴 수 있는

일들에 대해서 관심을 갖지 말아야 함을 주장한 것이 아니다. 그는 영적인 일에 대한 바람이나 기쁨을 상실할 정도로 세상일에 마음을 빼앗겨서는 안 된다는 점을 강조했다.

당시 그는 그리스도인임을 자처하는 많은 이들의 헌신 부족과 영적 미성숙으로 인해 혼란스러워하고 있었다. 그는 이렇게 말했다.

"사람들의 악한 마음과 생각을 돌이키며, 죄와 죄의 위험성을 발견하며, 그것을 바로잡을 수 있도록 인도하고, 그들의 생각과 감정을 영적인 것으로 채우며, 생명과 평안을 바라는 모든 신자에게 필수적인 사항들을 찾아내는 것, 그것이 바로 이 책의 주제이다."

정말 그렇다!

"육신을 따르는 자는 육신의 일을, 영을 따르는 자는 영의 일을 생각하나니 육신의 생각은 사망이요 영의 생각은 생명과 평안이니라" 로마서 8:5-6.

차 례

저자 소개 청교도의 황태자 존 오웬,
개혁 신앙의 최고봉에 오른 위대한 영적 거인 *4*
들어가는 글 생명과 평안으로 이끄는 영의 생각 *10*

PART 1 영의 생각이란 무엇인가?

1. 육신의 생각과 영의 생각 *20*
영적 생각과 세상적 생각 | 새로운 영적 생명의 활동 | 영적인 마음 | 영적인 마음의 원수

2. 참된 영적 마음 *25*
영적인 열매를 맺는 생각 | 결실이 없는 생각

3. 영적인 마음을 가진 증거가 아닌 것 *28*
설교를 경청한다고 영적인 마음을 가진 것은 아니다 | 유창하게 기도한다고 영적인 마음을 가진 것은 아니다 | 영적 대화를 한다고 영적인 마음을 가진 것은 아니다

4. 영적인 마음을 가진 증거 *35*
완전히 변화된 생각의 흐름 | 율법에 대한 지속적인 즐거움 | 생각 중 영적인 부분이 얼마나 되는가? | 한적한 시간에 영의 생각이 떠오르는가? | 영적 묵상의 기회를 잃으면 속이 상하는가?

5. 영의 생각을 개발하는 방법 *42*
섭리적 역사를 통한 하나님의 말씀에 귀 기울이라 | 닥쳐온 사련과 시험에 대해 숙고하라 | 성경의 진리로 마음을 채우라 | 하늘에 대한 생각은 믿음과 소망을 갖게 한다 | 하늘에 대한 생각은 곤경과 핍박을 견디는 힘을 준다 | 하늘에 대한 생각은 세상에 대한 집착이 줄어들게 한다

The Grace and Duty of
Being Spiritually
Minded

6. 영적인 것들을 생각하는 방법 52
하늘나라에 관해 올바르게 알고 생각하라 | 하늘나라에 관해 자주 생각하라 | 지옥에 관해서도 생각하라 | 생각하기를 포기하지 말라 | 묵상의 습관을 잊지 말라

7. 그리스도에 관해 영적으로 생각하기 58
그리스도의 영광에 대한 생각 | 성경적인 방식의 묵상 | 곤경을 견디는 최선의 방법

8. 하나님에 관해 영적으로 생각하기 63
하나님의 존재를 부인하는 사람들 | 하나님에 관해 생각하지 않는 사람들 | 하나님을 생각하는 기쁨 | 하나님을 향한 경건한 두려움

9. 하나님에 관한 생각 69
하나님의 존재에 관한 생각 | 하나님의 전능하심에 관한 생각 | 하나님의 권능에 관한 생각 | 하나님을 생각하는 일의 어려움

10. 영의 생각을 하기 힘들 때 76
실패를 안타까워하며 겸손하라 | 의도적으로 영적인 것에 몰두하되 자신하지 말라 | 부지런하라 | 세속적인 생각을 경계하라 | 악한 자의 시도에 저항하라 | 기도와 성경 읽기에 시간을 할애하라 | 하나님의 도우심을 구하라 | 낙심하지 말라

PART 2 영적인 마음은 어떻게 기를 수 있는가?

11. 영적인 마음을 갖도록 하나님이 격려하시는 방법　88
영적인 것과 이생의 것을 비교하여 세상의 허탄함을 보여주신다 | 그리스도에 대한 세상의 반응을 보고 경계하게 하신다 | 사도에 대한 세상의 태도를 통해 그 비열함을 보여주신다 | 불신자에게 부귀를 허용하여 세상에 대한 경멸을 표현하신다 | 세상 것에 대해 신자가 취해야 할 태도

12. 영적인 것에 대한 진정한 사랑　95
영적인 사랑의 전제 조건, 영적 변화 | 인간의 부패한 영혼 | 하나님의 은혜로 말미암지 않은 변화

13. 영적인 변화의 특징　100
영적 변화는 어떤 조건에서도 지속된다 | 영적 변화는 영과 혼과 몸 전체에 영향을 끼친다 | 영적 변화는 영적인 것을 사랑하고 헌신하게 한다

14. 예배에 대한 그릇된 만족　105
외적 예배 행위에 대한 만족 | 의무 이행에 따른 만족 | 좋은 평판에 대한 만족 | 미신적 개념에서 비롯된 만족

15. 예배에 대한 참된 기쁨　109
하나님을 향한 사랑을 고무시키는 예배 | 형식적이고 공허한 예배 | 예배를 위한 준비 | 참된 예배의 기쁨

16. 영적인 마음이 성장하기 어려운 이유 116
믿음에 의해 이루어지는 영적 갱신 | 영적인 마음이 더디게 성장하는 이유 | 영적인 마음의 쇠퇴의 심각성 | 첫사랑을 회고하라

17. 영석으로 쇠퇴하는 이유 125
곤경과 시련에 의한 연약함 | 육신적 약함으로 인한 연약함 | 영적 회복을 위한 노력

18. 영적인 마음의 본보기 130
영적인 마음의 안내서 | 영적인 것들에 대한 예민함 | 영적인 마음의 근원

19. 영적인 것의 유익 134
하나님이 행하시는 일의 아름다움을 깨달음 | 무한하고 영원한 기쁨 | 고상한 변화 | 미리 맛보는 천국의 축복

20. 영적인 마음을 갖는 방법 139
영적인 것을 일관되게 사랑하라 | 영적 진리를 즐거워하라 | 영적인 것을 자주 생각하라 | 기도하고 죄악을 경계하며 믿음으로 행하라

21. 영의 생각은 생명과 평안 145
영적 생명의 특권 | 신자가 누리는 이중의 평안 | 하나님의 사랑을 감지하는 유일한 길 | 종교적 의무를 이행하게 하는 유일한 방법 | 천상의 것에 대한 최선의 맛보기

생명과 평안은 영의 생각을 하는 사람에게만 주어진다.
이 영의 생각은 신자 속에서 일어나는 새로운 영적 생명의 활동으로,
영적인 것을 사랑하고 묵상하며 만족을 느끼는 것을 가리킨다.
영적인 열매를 맺는 지속적이고도 일관된 영의 생각은
영적인 마음을 가지고 있다는 가장 분명한 증거이며,
이생의 곤경을 견디는 최선의 방법이다.

The Grace and Duty of
Being Spiritually Minded

John Owen

PART 1

영의 생각이란
무엇인가?

CHAPTER 1
육신의 생각과 영의 생각
로마서 8장 6절 해설

"육신의 생각은 사망이요 영의 생각은 생명과 평안이니라" 로마서 8:6.

생명, 평안, 사망! 생명과 평안을 원하지 않는 사람이 어디 있겠는가? 하지만 사도 바울은 생명과 평안은 영의 생각을 하는 사람에게만 주어진다고 한다. 영의 생각을 하지 않으면 사망에 이른다. 바울은 제3의 가능성을 전혀 허용하지 않는다.

그렇다면 영의 생각, 즉 영적인 생명이란 무엇인가? 생명과 평안이란 무엇인가? 영적인 마음을 가졌는지 어떻게 알 수 있을까? 이 책에서 내가 살펴보려는 문제가 바로 이것들이다.

영적 생각과 세상적 생각

이것은 간단한 문제가 아니다. 왜냐하면 우리 안에는 영적인 마음과 육적인 마음이 동시에 작용하기 때문이다. 그리스도인은 이 둘 사이에서 계속되는 싸움을 뼈저리게 지각한다 갈라디아서 5:17.

우리의 마음이 어떤 것인지 어떻게 알 수 있을까? 자신을 속이고 있지 않다는 것을 어떻게 확신할 수 있을까? 성경은 육적인 마음의 지배 아래 있으면 하나님을 기쁘시게 할 수 없으며로마서 8:8 반드시 죽을 것이라고로마서 8:13 한다. 이것은 생명, 평안과는 반대이다.

새로운 영적 생명의 활동

바울이 말하는 영의 생각, 즉 영적인 마음이란 무엇일까? 성경에서 '영'은 '성령'_{로마서 8:9}이나 '성령에 의해 신자 속에 생성되는 새로운 영적 생명'_{요한복음 3:6}을 뜻한다. 여기서 바울이 말하는 영의 생각이란 '신자 속에서 일어나는 새로운 영적 생명의 활동'을 뜻한다.

이 새로운 영적 생명은 신자가 영적인 생각을 하게 하며 기뻐하게 한다. 회심하기 전에는 이런 일이 결코 일어나지 않는다. 불신자는 땅의 일들을 좋아하지만, 신자는 하나님의 일들을 우선시한다.

영적인 마음

영적인 마음은 세 가지로 구성된다.

첫째, 영적인 것에 늘 집중하는 마음.

둘째, 영적인 것에 대한 사랑의 증진.

셋째, 영적인 것에 의해 생기는 참된 만족 체험.

로마서 본문에서, 바울은 이 영적인 마음이 신자인지 아닌지 판단할 수 있는 중요한 잣대이며 이것만이 생명과 평안으로 우리를 이끈다는 점을 강조한다. 그렇다면 이것이 얼마나 중요한가!

영적인 마음의 원수

이제 육적인 마음이란 어떤 것인지 간략히 살펴보자. 그러면 영적인 마음의 가치를 더 잘 이해할 수 있다. 이를테면 사람들이 세상적인 마음을 가질 때, 세상적인 것에 대한 사랑이 그들의 생각을 사로잡는다. 영적인 것에 대한 사랑이 없다. 심지어 그리스도인마저 때로는 세상 것들을 너무 많이 사랑하기도 한다.

그러면 영적인 마음은 약해진다. 그들은 건강한 영적 생명에게 주어지는 평안을 누리지 못한다. 어떤 이들은 영적인 것에 대해 알지만 그것들을 추구하지 않는다. 이 모든 사례에서, 세상적인 마음은 영적인 마음의 원수이다.

따라서 가능한 한 최고 수준의 영적인 마음을 추구하지 않고 낮은 수준에 만족하려는 이들은 참된 신자라는 실제적인 증거를 보여주지 못하는 셈이다.

그들은 영적 생명을 지닐 수는 있지만, 하나님의 평안을 얻지는 못한다. 때로는 영적 생명을 전혀 소유하지 못하며 자신을 속이고 있을 수도 있다.

CHAPTER 2

참된 영적 마음

　봄이 되면 꽃이 만발한 나무들을 볼 수 있다. 그 꽃 중 일부는 떨어져 버리고 아무 열매도 남기지 않는다. 그러나 일부는 남아서 열매를 맺는다. 사람의 마음은 꽃으로 가득한 나무처럼 생각으로 가득하다. 대부분의 생각은 아무 결실을 맺지 않고 사라진다. 나머지는 좋든 나쁘든 결실을 맺는다.

　우리의 생각은 우리가 영적인 마음을 가졌는지 가지지 않았는지를 말해 준다. "대저 그 마음의 생각이 어떠하면 그 위인도 그러한즉" 잠언 23:7.

영적인 열매를 맺는 생각

영적인 마음은 영적인 열매를 맺는다. 농작물의 생장 속도를 보고 토양의 질을 판단할 수 있듯이, 우리의 마음은 생각의 방식으로 판단할 수 있다. 특히 스트레스를 받을 때 그렇다.

공포에 사로잡힐 때 하나님을 망각하는가? 아니면 문제 해결을 위해 자연스럽게 하나님께 돌이키는가?

결실이 없는 생각

하지만 불신자도 영적인 생각을 하는 것처럼 보일 때가 있다. 이를테면 성경을 읽는 습관은 있지만 배운 것을 행하지는 않는 사람들이 있다. 하나님과 그분의 뜻을 이따금 생각하는 것은 참된 영적 마음이 아니다.

하나님은 에스겔에게 이렇게 지적하셨다.

"백성이 모이는 것같이 네게 나아오며 내 백성처럼 네 앞에

앉아서 네 말을 들으나 그대로 행하지 아니하니 이는 그 입으로는 사랑을 나타내어도 마음으로는 이익을 따름이라" 에스겔 33:31.

어떤 이들은 곤경에 처하거나 고통스러운 일을 당했을 때 영적인 것들을 생각한다. 그러나 곤경이 끝나면 하나님을 향한 결심을 잊어버린다. 그것은 마치 마실 물을 얻기 위해 갑작스런 폭풍에 의지하는 것과 같다. 폭풍이 지나가면 물도 없어진다. 멈추지 않는 샘에서 흘러나오는 물을 얻는다면 얼마나 좋겠는가! 성령에 의해 신자 속에 생성되는 새로운 영적 생명은 마음속의 샘과 같다.

반면 어떤 이들은 좋은 일들이 갑자기 생길 때만 하나님에 관해 생각한다. 그러나 잠시 후 영적 관심이 사라진다. 그것은 마치 비료가 풍부할 때만 작물을 내는 땅과 같다.

이것과 대조적으로 영적 결실을 지속적으로 맺게 하는 참된 영적 마음은 얼마나 좋은가!

CHAPTER 3

영적인 마음을 가진
증거가 아닌 것

이제 우리의 생각이 영적인지 아닌지 우리 자신을 점검해 보자. 생각을 점검하는 방법은 신뢰할 만한 것이어야 한다. 우선 신뢰할 수 없는 점검법 세 가지를 소개하면 아래와 같다.

설교를 경청한다고 영적인 마음을 가진 것은 아니다

첫째, 좋은 설교를 즐겨 경청한다고 해서 반드시 영적인 마음을 가진 것은 아니다.

그리스도 당시에도 예수님의 설교를 경청하는 이들이 많았다. 하지만 예수님이 씨 뿌리는 자의 비유에서 가르치셨듯이, 설교가 끝나자마자 그들은 들은 말씀을 잊어버렸다. 돌밭이나 가시와 엉겅퀴로 가득한 땅 또는 토양이 매우 얕은 땅과 같은 사람들도 있었다 마태복음 13:18-30.

물론 신자들이 영적인 마음을 갖는 데 가장 많은 도움을 주는 것이 좋은 설교임을 부인하지 않는다.

그러나 일시적으로 설교의 영향을 받는 이들과는 달리, 신자들이 설교로부터 유익을 얻는 것은 다음과 같은 중요한 방식을 통해서이다.

'하나님에 관한 지식만이 아니라 그분에 대한 믿음이 독려된다. 신자의 영적 필요들이 충족된다. 그리고 영적인 이해가 성장한다.'

유창하게 기도한다고 영적인 마음을 가진 것은 아니다

둘째, 유창하게 기도한다고 해서 반드시 영적인 마음을 가진 것은 아니다. 어떤 사람은 타고난 말의 은사를 가지고 있지만, 그런 은사가 그가 영적이라는 것을 입증하지는 않는다.

타고난 은사는 신자가 그리스도를 더욱 효과적으로 섬기게 한다. 하지만 주의해야 할 것은, 그 은사와 더불어 겸손과 하나님을 향한 경외심과 사랑이 있어야 한다.

열심히 기도하는 것이 그 기도가 영적인 마음에서 비롯되었음을 증거하는 것은 아니다. 열심으로 드리는 기도는 무언가를 몹시 원하거나, 큰 곤란을 당했을 때, 또는 타고난 언변 때문에도 나타날 수 있다.

그러나 간절한 기도를 모두 거짓된 것으로 치부해서는 안 된다. 그것은 거름에서 악취가 나므로 거름을 결코 사용하지 않겠다는 것처럼 어리석다. 은사가 반드시 영적인 마음을 나타내는 표시는 아니지만, 영적인 마음을 표현하는 데 큰 도움을 줄 수는 있다.

우리의 기도가 영적인 마음에서 비롯되었는지 어떻게 알 수 있을까? 우선 기도의 동기를 점검함으로써 알 수 있다. 참된 기독교 신앙을 가진 사람은 자신의 동기가 신실한지 아닌지 안다. "하나님의 아들을 믿는 자는 자기 안에 증거가 있고" 요한일서 5:10.

기도가 기쁨을 주고, 심령을 새롭게 하고, 마음을 평온하게 하며, 양심을 편안하게 한다면 그것은 참된 기도이다 시편 36:7-9. 우리의 기도에 이러한 것이 없다면, 참된 기도를 할 수 있게 해달라고 겸손히 간구해야 한다.

또한 기도가 거룩하게 행동하려는 열망을 수반한다면, 그 기도는 영적인 마음에서 비롯되었다고 할 수 있다. 올바로 기도하는 신자는 바르게 살려고 노력하며 경건을 가로막는 모든 것을 피하려 할 것이다.

우리의 기도가 그리스도를 향한 사랑의 표현이라면, 우리는 그것을 영적인 마음에서 비롯된 것으로 간주할 수 있다.

끝으로 기도가 실제 행동을 수반한다면야고보서 1:27 그것은 참된 기도이다. 다른 이들을 위해 열심히 기도하되 그들에게 실제적인 도움을 전혀 주지 않는 사람은 영적인 마음을 가지고 있다고 할 수 없다. 그는 갈 길을 지시하지만 정작 자신은 늘 같은 장소에 서 있는 푯말과 같다.

때로 참된 신자가 "나는 기도가 즐겁지 않아." 하고 말할 수 있다. 그 말이 반드시 그의 기도를 무용지물로 만들지는 않는다.

그가 잃어버린 기도의 기쁨을 슬퍼한다면, 적어도 가끔씩은 기도의 즐거움을 느낀다면, 기도 부족으로 더욱 간절하게 하나님을 찾게 된다면 기도를 멈추지 말아야 한다.

참된 간구자는 기도 중에 마침내 하나님의 임재를 체험할 것이다.

영적 대화를 한다고 영적인 마음을 가진 것은 아니다

셋째, 영적인 대화를 한다고 반드시 영적인 마음을 가진 것은 아니다. 다른 신자들의 영적인 대화에 귀 기울일 때 영의 생각이 자극될 수도 있다. 영의 생각이 외적인 자극에 의해서만 생겨난다면, 사람 속에 있는 영적인 마음으로부터는 일어날 수 없을 것이다.

우리는 자신의 영적 생각이 호텔을 방문한 손님 같은지 아니면 집에 거하는 자녀 같은지 자문함으로써 테스트할 수 있다.

호텔에 손님이 도착하면 일시적으로는 부산하지만, 잠시 후면 그들은 떠나고 잊혀진다. 그러면 호텔은 다른 손님 맞을 준비를 한다. 하지만 자녀는 집에 속해 있다. 자녀가 집에 돌아오지 않으면 부모는 걱정하며 기다린다. 부모는 자녀에게 줄 음식과 위로의 말을 준비하고 있다.

참된 영적 마음에서 일어나는 영적인 생각은 자녀와 같다. 부모는 자녀에게 언제나 기대감을 가지며, 자녀를 잃어버리면 찾으려고 애쓴다.

CHAPTER 4
영적인 마음을 가진 증거

영의 생각이 언제나 영적인 마음을 가졌음을 증명하지는 않는다는 것을 앞서 살펴보았다.

중요한 것은 과연 우리의 마음이 영적 생각으로 '가득한 가' 이다베드로후서 1:8. 가끔 떠오르는 영적인 생각들로는 아무것도 입증할 수 없다.

바울이 말하는 영적인 마음의 결과로서의 평안은, 우리의 마음이 영의 생각으로 가득한 상태에서 주어진다.

완전히 변화된 생각의 흐름

불신자들에 대해 하나님은 "그의 마음으로 생각하는 모든 계획이 항상 악할 뿐"이라고 말씀하셨다 창세기 6:5. 눈에 보이는 세상의 죄악들로는 세상이 얼마나 악한지 제대로 알 수 없다. 죄의 진정한 심각성은 사람의 마음속에 있는 갖가지 악한 생각들이다.

영적인 마음을 가졌음을 입증하는 가장 큰 증거는 생각의 지속적인 흐름이 완전히 바뀌는 것이다. 특정한 죄를 버리는 것만으로는 충분하지 않다. 어떤 질병에서 치유된 사람이라 해도 또 다른 질병으로 죽을 수 있다. 완전한 건강 회복이 필요하다.

바울은 에베소 신자들에게 "오직 성령으로 충만함을 받으라"고 권면했다 에베소서 5:18. 영적인 마음을 가질 때, 영의 생각으로 가득해진다. 이것이 중요하다.

율법에 대한 지속적인 즐거움

그러면 영적인 마음에 대한 이런 증거를 가졌는지 어떻게 알 수 있을까? 시편 119편에서 그 답을 찾을 수 있다. 다윗은 하나님의 율법에 대한 지속적인 즐거움을 표현한다.

당신도 다윗처럼 말할 수 있는가? '하지만 다윗은 특별했다. 우리는 그와 같을 수 없다.'고 변명하지 말라. 그가 맛보았던 기쁨을 누리려면 우리도 그처럼 해야 한다. 성경은 성도들이 예나 지금이나 어떠해야 하는지 보여주기 위해 기록되었다.

생각 중 영적인 부분이 얼마나 되는가?

자신을 점검하는 방법이 몇 가지 있다. 나의 생각 가운데 영적인 생각이 차지하는 비율은 어느 정도인가? 나의 주요 관심사가 영적이며 하늘에 있으며 또한 영원한 것에 있는가? 그렇다면 나의 생각이 그러한 우선순위를 반영해야 하지 않겠는가?

불신자들의 우선순위를 잠시 생각해 보자. 그들의 생각은 매일의 활동으로 온통 가득하다. 그들은 자신의 일상사와 자녀와 형통한 장래에 대한 계획을 많이 세울수록 좋다고 말한다.

하지만 그것은 결코 영적인 마음에 대한 증거가 아니다. 어쩌면 '이 세상 삶에 필요한 것들을 생각하는 것만큼 영적인 것들도 많이 생각해야 하는가?'라는 의문이 들 것이다. 진정으로 영적인 마음을 가지려면 더 많이 더 자주 그래야 한다. 자신의 유업이 기다리고 있는 나라로 향하는 척하지만 남겨두고 떠나야 할 사소한 것들에 대해서만 이야기한다면, 그 사람은 어떤 사람이겠는가?

하나님은 이생의 것들에 대한 염려를 금하신다. 염려는 하나님 아버지의 돌보심을 불신하는 것이다. 또한 이생의 것들이 우리의 생각을 차지해서도 안 된다 마태복음 6:31-33. 불신자의 생각 중 상당 부분은 쓸모없고 무익하며 교만이나 이기심이나 육적 소욕에서 생겨난다.

영적인 마음을 가진 사람은 세상적인 것들보다 영적인 것들을 더 자주 생각해야 한다는 내 말이 너무 심하게 들리는가? 그렇다면 당신의 생각 중 영적인 부분이 어느 정도인지 살펴보라. 과연 당신은 영적인 것에 의도적으로 더 많은 시간을 할애하는가? 그렇지 않다면, 과연 자신을 영적인 마음을 가진 사람이라고 할 수 있을까?

한적한 시간에 영의 생각이 떠오르는가?

우리를 점검하는 두 번째 방법은, 평소의 활동에서 자유롭고 한적한 시간에 과연 영의 생각이 떠오르는지 자문하는 것이다.

정말 바쁜 사람이라도 자신이 원하든 원치 않든 조용한 시간을 가질 때가 있다. 잠에서 깬 직후나 잠들기 전, 여행지에서, 어쩔 수 없이 혼자 있어야 하는 때 등이다.

영적인 마음을 가졌다면, 그럴 때 영의 생각이 자동적으로 떠오를 것이다 신명기 6:7, 시편 16:7-8. 그렇지 않다면, 이는 영적인 것들에 별로 관심이 없다는 증거가 아니겠는가? 신자가 영적 묵상을 위해 정기적으로 시간을 할애하는 것은 올바르고 좋은 일이다.

그러나 나머지 시간에는 영의 생각이 필요하지 않다면, 과연 그가 영적인 마음을 가진 사람일까? 우리가 예기치 않게 평소의 활동으로부터 자유로워질 때 자신의 모습이 어떠한지 점검해 볼 필요가 있는 것도 바로 그 때문이다.

영적 묵상의 기회를 잃으면 속이 상하는가?

마지막으로 세 번째 방법은, 영적인 묵상을 할 수 있는 시간을 지키지 못했을 때 그것을 가슴 아파하는지 자문하는 것이다.

어쩔 수 없었다고 주장하는 것으로 만족하고 더 이상 그것에 대해 생각하지 않는가? 이 때문에 영의 생각을 가질 기회가 점점 줄어들며 결국에는 영적인 것들에 대해 완전히 냉담해진다.

진정으로 영적인 마음을 가진 사람이라면 영적인 묵상의 기회를 잃었을 때 가슴 아파할 것이다. '그런 기회를 놓치다니 정말 어리석었다. 오늘 그리스도에 대해 생각하는 시간이 너무 적었어!' 영의 생각을 가질 기회를 제대로 활용했다면 얼마나 많은 기쁨과 확신을 누릴 수 있었을지 모르고 지내는 경우가 많다.

따라서 영의 생각이 자연스럽고 풍성하게 떠오르면, 우리는 이를 건강한 영적 마음에서 비롯된 것으로 볼 수 있다. 이것이 영적인 마음의 표징 중 하나이다.

CHAPTER 5

영의 생각을 개발하는 방법

이 책의 2부에서는 영적인 마음을 개발하는 방법에 대해 더 자세히 고찰할 것이다. 여기서부터 여섯 장에 걸쳐서는 영의 생각을 키우는 데 도움이 되는 몇 가지를 언급하고자 한다. 이것은 쉬운 일이 아니기 때문이다.

때로 우리는 영적인 것들을 묵상하기로 결심했는데도 생각이 산만해지는 것을 경험한다. 꼭 해야지 하면서도 하기 싫어지는 경우도 종종 있다. 심지어 묵상을 왜 해야 하는지 확신하지 못할 때도 있다.

그러므로 몇 가지 규칙들을 제시하고 싶다.

섭리적 역사를 통한 하나님의 말씀에 귀 기울이라

먼저 우리는 섭리를 통해 말씀하시는 하나님의 음성에 귀 기울여야 한다. 재난은 세상의 사악함에 대한 하나님의 혐오의 표현이다이사야 26:11. 또한 세상이 주는 쾌락이 불확실하며 삶의 유일한 목적도 아님을 가르쳐 준다.

천둥 먹구름이 하늘에 모일 때 폭풍이 올 거라고 믿지 않는 여행자는 어리석은 사람이다. 섭리를 통한 하나님의 말씀을 너무 늦기 전에 알려고 노력하는 것이 현명하다.

그러면 재난에 대해 우리는 어떠한 반응을 보여야 할까?

세상에서 일어나는 비극적인 일들이 사악함에 따른 결과라면, 우리는 마음을 점검해야 한다. 다른 사람의 죄를 비난하기는 쉽다. 그러나 바다에 풍랑이 인 것은 선원들의 죄 때문이 아니라 요나의 은밀한 죄 때문이었다는 것을 상기해야 한다요나 1:12.

또한 세상의 즐거움에 집착하지 않고 우리 자신과 우리의 모든 일을 하나님의 뜻에 복종시킬 준비를 갖추고 있어야 한다. 영적인 마음을 갖지 않고서는 그렇게 할 수가 없다.

이런 일은 하지도 않으면서 다른 여러 가지 방식으로 자신이 영적임을 주장하는 이들이 얼마나 많은가! 그러나 이 한 가지가 없으면 영성에 관한 백 가지 긍정적인 증거도 소용이 없다마가복음 10:21.

닥쳐온 시련과 시험에 대해 숙고하라

둘째로, 우리는 자신에게 주어진 시련과 시험에 대해 주의 깊게 생각하려고 노력해야 한다. 아픈 사람은 자신의 질병에 대해 파악하고 그 치유 방법을 찾으려고 한다. 그렇다면 영적인 질병에도 관심을 기울여야 하지 않을까?

그런데 여기에 문제가 있다. 우리를 유혹하는 것들에 대해 많이 생각할수록, 시험을 당하기 더 쉽다는 것이다. 유혹에 대해 계속 생각할 때 유혹이 더 강해지기 때문이다. 따라서 시험거리들을 주의 깊게 생각하라는 조언은, 그것들로 인해 심한 곤경을 당하고 있고 진지하게 그것을 극복하려는 자들을 위한 것이다.

이 문제를 해결하는 특별한 방법이 있다. 그런 사람들은 자신을 유혹하는 죄의 '특성'에 대해 생각해서는 안 된다. 대신 겸손해질 수 있도록 그 죄가 주는 '죄책'에 대해 생각해야 한다. 그리고 그리스도의 힘을 간구할 수 있도록 그 죄의 '힘'에 대해 생각해야 한다.

유혹을 이기는 일은, 극복할 수 있는 은혜를 주시는 그리스도를 신뢰함으로써만 이루어진다 히브리서 4:15-16.

시험에는 두 종류가 있으며, 누구나 시험에 직면한다. 하나님이 특별한 이유로 허용하시는 시험이 있다. 이는 신자가 자신의 연약함을 깨닫고 간절히 하나님을 찾게 하기 위한 것이다.

평범한 시험 중에는 신자가 분별력 있게 대항할 수 있는 영적인 마음을 갖고 있지 않는 한 시험거리로 여겨지지 않는 것들도 있다. 예를 들어, 매우 신실한 사람도 성공을 거두었을 때에는 교만의 위험을 좀처럼 피하기 힘들다. 부자들이 빠지기 쉬운 시험이 있는가 하면, 가난한 자들이 빠지기 쉬운 시험도 있다 잠언 30:8.

성경의 진리로 마음을 채우라

셋째로, 우리는 마음을 성경 진리로 채워야 한다. 예컨대, 우리는 하늘, 즉 그 실재, 특성, 그것을 누리지 못하는 우리의 실패에 대해 생각해야 한다.

영적인 마음은 하늘의 것을 생각하는 것이다골로새서 3:1. 많은 그리스도인이 천국에 대해 무지하거나 바라는 마음이 없어서 이 의무를 게을리한다. 천국에 대해 무지한 것은 태만과 무관심 때문이다.

하늘에 대한 생각은 믿음과 소망을 갖게 한다

하늘 영광에 대해 생각함으로써 기대할 수 있는 몇 가지 이점이 있다. 밝은 빛을 본 직후 그 빛의 잔상으로 인해 다른 물체를 잘 볼 수 없듯이, 하늘 영광을 묵상하는 사람은 세상 것들에 대한 욕구가 약화되는 것을 느낀다.

하늘에 대한 생각에 의해 믿음이 더 강해지고, 하늘에 대해 더 많이 생각할수록, 그곳에 가고 싶은 마음이 더 커진다. 하늘을 자주 생각하지 않는 이들은 그것을 진지하게 생각하지 않는다.

강한 믿음의 결과로, 신자들은 밝은 소망을 갖는다. 소망은 불확실한 것이 아니라 믿음에서 자라나는 확신이다. 신자가 소망을 갖지 못하는 이유는 바라는 것들에 대해 충분히 생각하지 않기 때문이다로마서 5:2.

하늘에 대한 생각은 곤경과 핍박을 견디는 힘을 준다

어떤 나라를 향해 가는 사람들이 있다고 상상해 보자. 그들 중 어떤 이들은 그 나라에 대해 거의 알지 못한다. 나머지는 그 나라에 대해 배우려고 온갖 수단을 다 동원한다.

그 여정이 힘들고 피곤하며 심지어 위험할 수도 있기 때문에, 목적지에 대해 잘 모르는 사람들은 쉽게 낙심하여 포기한다. 그러나 자신의 목적지를 잘 알고 있는 이들은 끝까지 견딜 수 있다.

하늘에 대해 생각하면 곤경과 핍박을 견디는 힘을 얻는다 히브리서 12:2. 사소한 곤경들을 견디는 데 도움이 되는 방법들은 많다. 그러나 극심한 핍박이나 심지어 죽음의 위협이 닥쳤을 때는, 오직 하늘의 것을 바라보는 마음만이 위안을 줄 수 있다 고린도후서 4:16-18.

하늘에 대한 생각은 세상에 대한 집착이 줄어들게 한다

하늘을 자주 생각함으로써 얻는 또 다른 유익은 세상 것들에 대한 집착이 줄어든다는 점이다.

"무릇 내게 오는 자가 자기 부모와 처자와 형제와 자매와 더욱이 자기 목숨까지 미워하지 아니하면 능히 내 제자가 되지 못하고" 누가복음 14:26.

이생에서 부를 축적하는 데에만 관심이 있는 사람을 가리켜 영적인 마음을 지녔다고 할 사람은 아무도 없다.

내가 생각하는 사람은 영적인 것들에 관심이 있다고 말하는, 합법적이며 정당한 방법으로 부를 얻고 적절한 방식으로 살아가는 자이다.

그가 하는 모든 일에는 그릇된 것이 없다. 하지만 때로 자기 가족을 돌보아야 하므로 구제에 참여하지 못한다고 변명한다. 사업상 너무 바쁘다는 이유로 교회에서 맡아야 하는 책임을 제외시켜 달라고 할 수도 있다.

물론 신자는 가족이나 사업을 소홀히 해서는 안 된다. 가족에게 필요한 것을 공급하지 않거나 사업에 지장을 초래해서는 안 된다.

하지만 이런 핑계들로써 만족한다면 그들이 우선시하는 것은 내생이 아니라 이생이다. 합리적인 이유로라도 이 세상을 너무 사랑한다면, 영적인 마음을 갖기가 더 힘들어진다.

안타깝게도 영적인 것들에 대해 자유롭게 말하며 영적인

것처럼 행동하지만 자신의 세상적인 일들에 비하면 1%에도 미치지 않는 영적 의무마저 도외시하는 신자들이 있다.

지금까지 영적인 묵상을 통해 얻을 수 있는 유익들을 살펴보았다. 이렇게 하지 않고는 영적인 마음을 가질 수 없다.

이어지는 내용에서는 묵상에 대해 몇 가지 소개할 것이다.

CHAPTER 6
영적인 것들을 생각하는 방법

영적인 마음은 참된 유익을 주지만, 그것을 얻기는 쉽지 않다. 그래서 몇 가지 유익한 방안을 제시하고자 한다.

이를테면 영적인 것들에 대해 생각할 때 우리는 반드시 참된 사실로부터 시작해야 한다. 하늘에 관한 어떤 이들의 개념은 순전히 상상이다!

하늘나라에 관해 올바르게 알고 생각하라

우리는 하늘나라가 모든 곤경으로부터 완전히 자유로운

곳임을 깨달아야 한다. 그러나 신자에게 있어 이것은 단지 질병과 가난, 다른 외적인 곤경들로부터 자유로운 상태만을 뜻하지는 않는다. 하늘은 이 모든 곤경보다 더 심한 어떤 것으로부터의 자유를 뜻한다. 그것은 죄와 죄의 모든 결과로부터의 완전한 자유를 뜻한다.

나는 이보다 더 기운을 북돋워 주는 것을 생각할 수 없다. 왜냐하면 때로 그리스도인은 자신이 여전히 죄성에 이끌리고 있다는 사실로 인해 실망하기 때문이다.

영적인 마음을 지녔음을 나타내는 표시는 죄로부터의 완전한 자유를 생각하면서 기쁨을 느끼는 것이다. 슬퍼하며 자신의 죄를 회개하면서도 그런 생각으로 기쁨을 느낄 수 있다.

이런 하늘의 개념과는 대조적으로 그릇된 개념을 가진 사람들도 많다. 그들에게 있어 하늘은 현재 그들의 마음을 끄는 모든 세상 것을 온전히 즐기는 곳이다.

영적인 것들을 생각하는 방법

그들이 생각하는 하늘에는 영적인 것이 전혀 없다. 그들이 상상하는 것은 성경적인 하늘이 아니다. 참된 하늘의 개념은 그들의 상상 속에 결코 들어오지 않는다.

그런가 하면 우리의 영혼이 신성하신 존재의 아름다움과 선하심에 온전히 사로잡히는 곳이 바로 하늘이라고만 생각하는 이들도 있다. 이것은 진실의 절반이지 진실 전체는 아니다.

성경에 의하면 하늘나라의 주된 기쁨은 신자들이 거기서 그리스도의 영광을 보며 교회를 구원하기 위해 행하신 하나님의 모든 지혜로운 일들을 이해하는 것이다. 우리는 지금도 이것들을 믿음으로 어느 정도 알지만, 하늘에서는 그 아름다움이 온전히 드러날 것이다.

성경은 이런 하늘을 기대할 것을 가르치며, 지금 우리 안에 계신 성령이 그것을 위해 우리를 준비시키신다.

불신자들은 이 땅에서 하나님의 은혜를 전혀 알지 못하기 때문에 내세에서도 그리스도의 영광을 알아차릴 수 없을 것이다. 영적인 마음을 가진 사람들은 그들 속에 있는 하나님의 은혜가 갈망하게 하는 것 외의 다른 하늘을 전혀 원하지 않는다.

하늘나라에 관해 자주 생각하라

하늘에 대한 참된 사실들을 배운 후에는 그것들에 대해, 그것들이 우리에게 무슨 의미로 다가오는지에 대해 자주 생각해야 한다. 그런 식으로 우리는 점점 더 영적인 마음을 갖게 된다.

"우리가……주의 영광을 보매 그와 같은 형상으로 변화하여 영광에서 영광에 이르니 곧 주의 영으로 말미암음이니라" 고린도후서 3:18.

그러한 생각은 우리가 진정으로 영적인 마음을 갖기 원한다는 것을 나타내는 증거이다. 왜냐하면 "우리의 보물이 있는 곳에는 우리의 마음도 있기" 때문이다 마태복음 6:21.

이런 식으로 우리 자신을 테스트하는 것은 좋은 일이다. 우리가 이 테스트에 실패한다면 이유는 둘 중 하나, 즉 하늘에 관한 진리를 잘 모르거나, 혹은 영적인 마음을 가지지 못한 까닭에 하늘에 관한 생각을 전혀 기뻐하지 않기 때문이다.

지옥에 관해서도 생각하라

우리는 하늘에 관한 참된 사실들에 대해 묵상할 뿐만 아니라 그 반대인 지옥과 대조해 보기도 해야 한다. 지옥이 존재하지 않는다고 주장하는 사람들이 있다. 또 어떤 이들은 지옥을 두려워하여 그것에 대한 생각조차 꺼린다.

하지만 나는 참된 신자를 위해 이 글을 쓰고 있다. 영원한 불행에 관해 더 많이 생각할수록, 예수 그리스도 안에서 얻는 구원의 은혜로 하나님께 감사하는 마음이 더 많이 일어난다.

생각하기를 포기하지 말라

이제 영적인 것들을 묵상하는 일에 관한 두 가지 최종적인 조언을 제시하려 한다.

우선 육신의 연약함이나 피곤함으로 인해 생각을 집중하기가 유난히 힘들 때가 있다. 묵상에 성공하지 못했더라도 시도를 포기하지 말라. 그 일을 거듭 시도하라. 실패할 때마다 탄식하라. 로마서 8장 23-26절과 같은 성경 구절로부터 위안을 얻으라.

묵상의 습관을 잊지 말라

그리고 이전에 따랐던 묵상 습관을 잊지 않도록 주의하라. 그 습관을 오래도록 무시하면 그것이 당신을 아예 피해 버릴 것이다. 나아가 당신은 영적인 것들 대신 다른 것들로 만족할 것이다.

CHAPTER 7

그리스도에 관해 영적으로 생각하기

이 주제에 관해서는 간략하게 언급하려 한다. 그리스도의 영광에 대한 묵상을 다루는 책을 이미 썼기 때문이다.

그리스도의 영광에 대한 생각

여기서는 몇 가지 실천적인 문제들을 살펴보자.

우선, 하나님과의 평화는 우리를 위해 그리스도가 행하신 일을 근거로 한다. 우리는 그 때문에 그분을 사랑한다.

하지만 거기서 그치지 않는다. 우리는 지금 그분이 하늘에서 영광 가운데 계심을 즐거워한다. 우리는 그분과 함께 거할 날을 기대한다. 그러나 우리가 이생에서 그분과 함께 하는 삶을 누리지 못한다면 거기서도 그분과 함께 하지 못할 것이다.

어떤 이들은 너무 오래도록 하나님을 생각하지 않고 지낼까 염려한다. 반면 그분을 거의 생각하지 않고 지내는 이들도 많다.

성경적인 방식의 묵상

성경적인 방식으로 그리스도에 관해 생각하는 것이 중요하다. 십자가를 보고 예수님을 생각한다거나, 특정 장소를 방문함으로 그분을 묵상을 할 수 있어야 한다는 내용은 성경 어디에도 없다.

또한 묵상을 위해 우리가 사용하는 방법 자체가 영적이어야 한다. 성령의 도우심을 위해 지속적으로 기도하라. 그리스도에 관해 가르치는 성경 구절을 읽고 묵상하라.

그리스도와 신자 사이에는 진정한 친교가 존재한다. 그것은 신자가 성경적인 방식으로 영적인 묵상을 할 때 이루어진다. 영적 묵상의 씨앗을 뿌리는 자들은 수확을 거둘 것이다.

그리스도는 그리스도에 관한 묵상을 가장 귀하게 여기신다아가 2:14. 영적 묵상은 신자가 그리스도의 가르침을 잘 받아들이도록 준비시킨다요한계시록 3:20.

묵상의 실패는 그리스도 안에서 얻는 기쁨을 상실하게 한다. 신자들이 너무 바쁘거나 부주의할 때, 영적으로 냉담할 때도 있다. 이런 때에는 영적인 기쁨을 풍성히 누리지 못한다아가 5:2-3.

우리는 그리스도의 하늘 영광을 묵상해야 한다. 참되신 하나님이면서 사람이신 그분의 교회를 위한 기도는 반드시 이루어진다. 그분의 교회가 완성될 때, 우리는 세상을 심판하러 오시는 그분의 영광을 볼 것이다.

내 말을 오해하지 말기 바란다. 영적 묵상은 단지 이것들을 생각하는 데서 끝나지 않는다. 영적인 마음은 우리가 그 사실들을 기뻐하는 것을 뜻한다.

곤경을 견디는 최선의 방법

끝으로 그리스도의 영원한 영광에 대한 묵상은 이생의 곤경을 견디는 최선의 방법이다. 하나님의 뜻에 따른 고난은 특권이다. "그리스도를 위하여 너희에게 은혜를 주신 것은 다만 그를 믿을 뿐 아니라 또한 그를 위하여 고난도 받게 하려 하심이라"빌립보서 1:29.

곤경을 즐거이 견딜 수 있는 유일한 방법은 그리스도와 함께 할 미래의 영광을 내다보는 것이다. 곤경에 맞서기 위해 사용하는 다른 여러 방법들은, 마치 고통을 일시적으로는 완화시키지만 얼마 후면 다시 이전 상태로 돌아가게 하는 약과 같다.

때로는 고난이 너무 오래 지속되어 진저리를 치게 한다. 그럴 때 위안의 근원은 단 하나뿐이다.

영원히 그리스도와 함께 하는 보이지 않는 영광에 대한 생각으로 가득할 때, 이 고난마저도 잠시뿐이라는 것을 고린도후서 4:17 이해할 수 있는 것이다.

CHAPTER 8
하나님에 관해 영적으로 생각하기

우리가 하나님에 관해 끊임없이 생각해야 하는 이유는 그분이 모든 생명의 근원이시며 모든 사건의 원인이시기 때문이다로마서 11:36. 우리가 생각하는 모든 좋은 것은 그분에게서 온다. 그렇다면 하나님이 주시는 은사보다 그분을 더 많이 생각하는 것이 좋다.

하나님의 존재를 부인하는 사람들

하나님이 계심을 부인하는 자들도 있다시편 14:1. 이상하게

도 기독교가 전파되지 않은 나라보다 전파된 나라에 무신론자들이 더 많다. 그리스도인이 드문 나라는 흔히 다른 종교가 만연해 있다.

그 이유는 사람들이 창조나 양심 혹은 성경을 통한 하나님의 계시를 의도적으로 거부할 때, 종종 그분은 그들을 불신 가운데 굳어지도록 방치하신다.

더욱이 진리의 빛을 거부하는 자들은 비진리의 희생물로 전락하기 더 쉽다. 사람이 빛을 보지 않으려고 할 때, 그 빛이 밝을수록 그의 눈은 더욱 단단히 닫힌다.

하나님에 관해 생각하지 않는 사람들

어떤 이들은 하나님이 계심을 인정하지만 좀처럼 그분을 생각하지 않는다. 그들의 삶은 하나님을 아는 지식의 영향을 받지 않는다디도서 1:16.

어떤 이들은 자신의 생각 속에 세상 것들이 너무 가득하여 하나님을 제대로 생각할 수가 없다. 물론 여기서 말하는 사람들은 노골적으로 죄를 짓는 자들이 아니라 신앙인 같은 모습을 보이는 자들이다.

자신의 욕심을 채우는 일에 너무 몰두한 나머지 하나님에 관해 생각하지 못하는 사람들도 있다빌립보서 3:19.

참된 신자들이 일시적으로 탐욕에 사로잡혀 부주의해짐으로써 영적인 마음을 잃을 수도 있다. 그러나 그들이 그 잃은 것에 대해 염려하고 근심한다면, 그들은 그것이 일시적인 퇴보였을 뿐이며 영속적인 타락을 뜻하지는 않는다는 것을 알 수 있다.

불경건한 생각의 유혹을 받는다고 해서 그것이 세속적임을 나타내는 증거는 아니다. 심지어 죄에 빠져도 회개하고 영적인 방향으로 돌이킬 수 있다.

하나님에 관한 생각을 의도적으로 거부하는 것이 훨씬 더 세속적이다. 이런 식의 거부는 사람들이 자신의 탐욕에 너무 몰두하여 하나님에 관해서는 생각하려고 하지 않을 때 생겨난다. 하나님에 관한 생각이 자연히 자신을 정죄할 것임을 그들은 잘 알고 있다.

하나님을 생각하는 기쁨

영적인 마음을 가졌음을 나타내는 표시가 두 가지 있다.

하나는 하나님이 어떤 분인지에 관해 생각할 때 기쁨을 느끼는 것이다. 영적인 사람은 하나님의 선하심, 거룩하심, 능력, 지혜, 은혜를 생각하는 것을 좋아한다. 그런 생각은 어떤 상황에서도 그의 심령을 소생시킨다.

세속적인 사람은 하나님이 그에게 좋은 일을 행하실 때에만 그분을 좋아한다.

하지만 곤경에 처했을 때에도 "이 하나님은 영원히 우리 하나님이시니 그가 우리를 죽을 때까지 인도하시리로다"시편 48:14라고 말할 수 있는 것이 바로 경건한 마음의 증거이며 하나님과 함께 하는 삶이다.

그리스도의 영광스러운 재림과 더불어 하나님이 모든 이들에게 자신을 계시하실 날이 이를 것이다. 지금 하나님의 성품을 즐거워하는 이들은 그 날을 고대할 것이다.

세속적인 사람은 그 날을 전혀 기뻐하지 않는다.

하나님을 향한 경건한 두려움

영적인 마음의 두 번째 표시는 거룩한 두려움과 하나님을 경외하는 마음이다. 왜냐하면 하나님의 무한한 거룩성과 권능은 우리에게 최고의 경외심을 요구하기 때문이다. 이 두 가지를 결합할 수 있는 것은 영적인 마음뿐이다.

불경건한 자들은 자신이 두려워하는 것을 기뻐할 수 없으며, 자신이 기뻐하는 것을 두려워할 수도 없다. 그러나 영적인 마음을 가진 자들은 거룩성을 사랑하므로 무한히 거룩한 하나님의 영광을 기뻐하며 경외한다.

하나님에 관해 생각하면서도 외경심을 느끼지 않는다면 그것은 영적인 마음의 증거가 아니다.

경건한 두려움은 신자의 모든 의무 중 가장 중요한 것이다. 이것은 참된 신앙의 생명이다. 이것은 지혜의 시작이며, 이것이 없다면 다른 모든 의무들도 무의미하다.

CHAPTER 9

하나님에 관한 생각

여기서는 하나님에 관해 생각할 때 구체적으로 묵상할 내용을 몇 가지 제시하려 한다.

하나님의 존재에 관한 생각

첫째로, 우리는 하나님의 '살아계심'에 관해 종종 생각해야 한다 히브리서 11:6. 우리는 자연이나 양심으로부터 하나님의 존재를 믿는 이유를 추론할 수 있다.

신자는 하나님의 살아계심을 훨씬 더 강력히 확신한다. 이는 그들의 믿음이 하나님에 관한 성경의 계시를 모두 받아들이기 때문이다.

우리 주위에는 무신론이 만연해 있으므로 우리는 하나님의 살아계심에 관한 믿음의 생각을 자주 가짐으로써 우리의 심령을 지켜야 한다.

세상에서 일어나는 사건들에 대한 불신자들의 이해 방식이 너무나 혼란스럽기 때문에, 그들의 그릇된 생각이 신자에게 영향을 미칠 수 있다 시편 73:2-17. 하나님을 의심하게 하는 사단의 유혹에 직면할 때, 곧바로 해야 할 일이 두 가지 있다.

우리는 사단의 암시를 곧바로 거부해야 한다 마태복음 16:23. 어떤 사람이 방화 물질을 당신 호주머니에 넣는다면, 당신은 불이 붙을지 아닐지 생각하지 않고 곧바로 내버릴 것이다. 사단의 불화살도 그렇게 처리하라!

그리고 나서 우리는 처음 하나님을 알게 되었던 때의 영적 경험을 곧바로 회상해야 한다.

앞서 말했듯이, 우리는 피조 세계나 양심으로부터 하나님을 믿는 이유를 발견할 수 있다. 사단의 공격을 받을 때에는 이 증거들을 활용할 수 없다. 그때는 우리 마음이 차분하지 않기 때문이다. 대신 우리는 믿음의 방패를 이용하고, 하나님의 임재와 권능을 자각했던 사실을 회상해야 한다.

요한복음 9장의 소경은 자신이 경험했던 이적을 부인하려는 사람들에게 "단지 한 가지 아는 것은 내가 소경으로 있다가 지금 보는 그것"이라고 대답했다. 실제 경험은 의심에 대한 가장 좋은 대답이다.

하나님의 살아계심에 대해 생각하기 시작할 때 우리는 자신이 온전히 이해할 수 없는 것을 궁금해 하게 된다. 하지만 온전히 이해할 수 없다는 사실 자체로 인해 유일무이하신 존재에 대한 감탄과 경이가 더해져야 한다.

그리고 하나님의 무한하신 특성을 도무지 이해하기 힘들다면, 적어도 우리는 하나님의 무한하신 완전성을 보여주는 몇 가지 실제적인 결과물에 대해서라도 생각해야 한다.

하나님의 전능하심에 관한 생각

둘째로, 하나님이 '어디에나 계시고' '모든 것을 아신다'는 사실에 대해 생각해야 한다. 이 사실에 대한 묵상은 신자에게 실제적인 유익을 줄 수 있다.

불신자들과 함께 하는 자리에서 또는 유혹이 있는 모든 자리에서, 영적인 마음을 가진 사람들은 전지하신 하나님이 거기 계심을 줄곧 기억함으로써 보호를 받게 된다.

신자가 혼자 있는 자리에서 어떤 식으로든 죄의 유혹을 받을 때, 하나님이 거기 계심을 알면 죄에 빠지지 않을 수 있다.

큰 곤경의 시기는 신자가 하나님의 임재를 기억함으로써

큰 도움을 받을 수 있는 때이기도 하다 디모데후서 4:16-17. 때로 신자들은 뜻밖의 일에 연루되거나 거기서 안전하게 벗어나기도 한다. 그럴 때에도 "여호와께서 과연 여기 계시거늘 내가 알지 못하였도다" 창세기 28:16는 말씀을 기억해야 한다.

하나님의 권능에 관한 생각

셋째로, 하나님의 '권능'에 대해 묵상해야 한다. 하나님의 전능하신 권능을 시편 62:11 자주 생각하지 않는나면 신사는 마음의 참된 평안이나 영혼의 위안을 결코 누리지 못할 것이다. 하나님의 권능을 생각하지 않는 신자는 자신에게 일어나는 일들로 인해 몹시 괴롭게 된다.

세상 죄악이 교회를 위기에 빠트린다고 느낄 때마다, 신자는 교회에게 주어진 약속 중 아직 실현되지 않은 것들도 생각해야 한다. 하나님의 권능을 확신하지 않는다면, 신자는 교회의 장래에 대해 몹시 불안해질 수 있다.

우리가 우리의 심령을 보존하시며 궁극적으로 우리 몸도 부활시키실 하나님의 권능을 신뢰하지 않으면, 죽음을 통과해야 한다는 사실에 두려움을 느끼는 것은 당연하다. 두려움 없이 죽음을 맞으려면 하나님의 전능하심을 철저히 확신해야 한다.

하나님을 생각하는 일의 어려움

많은 신자가 영적인 마음과 관련한 이 같은 의무를 실행하지 못한다. 우리는 내면의 생각을 하나님을 향한 기쁨으로 채우는 것보다 종교적인 외적 의무를 이행하거나 드러나는 죄를 피하는 것을 더 쉬워할 수도 있다.

하지만 이것은 건전한 신앙의 모습이 아니다. 하나님과 동행하는 삶이 아니다.

자신을 속이지 말자. 우리가 거룩한 생각으로 가득하지 않다면, 우리의 다른 모든 행위는 시련의 날에 우리를 돕지 못할 것이다.

그럼에도 불구하고 이런 영의 생각을 갖기가 너무 힘들다고 느낄 수 있다. 그래서 다음 장에서는 그런 신자들에게 도움이 될 조언을 제시하고자 한다.

CHAPTER 10
영의 생각을 하기 힘들 때

어떤 그리스도인은 영적인 마음이 매우 중요하고 큰 유익을 가져다준다는 사실에는 동의하지만 그 마음을 갖기가 힘들다며 불평한다. 그들은 무엇을 생각할지 또는 흔들리는 마음을 어떻게 멈추게 할지 알기 힘들어 한다.

왜 그런 상황이 생길까? 영적인 것들이 생각할 만한 가치가 없기 때문일까? 우리에게 묵상할 능력이 없기 때문일까? 이 중 어느 것도 답이 아니다.

실패를 안타까워하며 겸손하라

영적인 것을 묵상하지 못하는 진짜 이유는 우리의 생각마저 더럽히는 죄이다. 비록 신자로서 우리의 마음이 새로워졌지만, 죄가 여전히 우리에게 남아 있다. 다리를 다친 사람은 치유받은 후에도 절뚝거린다.

그러므로 묵상하지 못하는 자신을 발견할 때 우리는 겸손해져야 한다 로마서 7:24. 이 과정에서 쓴 뿌리로부터 건전한 열매가 나올 수 있다. 당신의 실패를 안타까워하라.

의도적으로 영적인 것에 몰두하되 자신하지 말라

노력을 통해 신자의 마음이 점점 영적인 방향으로 바뀔 수 있다. 우리의 마음을 사소하고 세속적인 것으로 채우지 않도록 주의하자. 우리는 의도적으로 영적인 것에 몰두해야 한다. 나무가 좋으면 그 열매도 좋은 것이다 마태복음 7:17.

영의 생각을 하기 힘들 때

우리 스스로는 영적인 것들을 제대로 생각할 수 없다는 사실을 명심해야 한다. 우리의 생각이 우리 자신의 것이므로 원하는 대로 제어할 수 있다고 자신해서는 안 된다. 바울이 조언했듯이, 경건하게 생각하려면 하나님의 도우심이 필요하다고린도후서 3:5.

이성을 이용하여 신학적으로 생각할 수도 있다. 그러나 생각하는 일에 대해 기쁨을 느끼지 않고 그 생각이 거룩한 삶으로 연결되지도 않는다면, 그것은 영적인 마음 상태가 아니다. 이성으로는 영성을 만들어 내지 못한다.

여기서 말하는 것은 하나님 말씀의 진리를 배우거나 가르치기 위해 그것을 상세히 연구하는 일이 아니다. 삶의 모든 일을 영적으로 생각하는 습관, 즉 경건한 태도에서 비롯되는 영적인 마음에 대해 말하고 있다.

모든 사람이 깊이 있는 묵상에 들어갈 수는 없겠지만, 미숙

한 이들도 전반적으로 영적인 마음을 가질 수 있다.

부지런하라

영적인 마음을 가지기 위해서는 매우 부지런해야 한다. 왜냐하면 그것을 함양하기가 쉽지 않기 때문이다. 쓸모 있는 작물을 얻기 위해서는 제아무리 좋은 토양도 정규적인 비료 공급과 기경과 잡초 제거가 필요하다.

영적인 마음을 우연히 얻을 거라고 생각해선 안 된다. 그것은 마치 가난한 사람이 노력 없이 부유해지길 기대하거나 병약한 사람이 음식도 먹지 않고서 강해지길 기대하는 것과 같다.

세속적인 생각을 경계하라

생각 속에 깃든 세속적인 것들을 철저히 살펴야 한다. "모든 지킬 만한 것 중에 더욱 네 마음을 지키라 생명의 근원이

이에서 남이니라" 잠언 4:23고 했다. 이는 세속적인 사람들과의 대화를 가급적 피하는 것을 포함한다. 신자 사이의 대화마저도 때로는 이생의 문제들로 가득하여 영성의 은혜를 상실하게 하기도 한다.

그리스도의 사랑과 같은 영적인 주제들을 생각하기 위해서는 의도적이며 단호한 노력을 기울여야 한다. 공적인 시간보다 혼자일 때가 더 힘들 것이다. 하나님에 대한 지식을 늘릴 방법들을 최대한 활용해야 한다. 장인이 작업할 재료를 얻지 못한다면 그 기술이 무뎌지지 않겠는가?

악한 자의 시도에 저항하라

영성으로부터 멀어지게 하려는 악한 자의 모든 시도에 저항해야 한다. 악감정이나 추악한 욕구가 생각 속에 깃들지 못하게 해야 한다.

이생의 좋은 것들에 대해서라도 무절제한 욕구를 허용해서는 안 된다.

우리가 진정 이런 식으로 살려고 한다면 합법적인 일이나 여가 활동 같은 다른 어떤 것도 할 시간이 없을 거라고 생각할 수 있다. 영성과 관련된 잘못된 생각 때문에 정상적인 삶을 멀리하는 사람도 있다.

그러나 영적인 마음은 정상적인 삶을 기피하는 것이 아니다. 삶의 모든 부분에 영성을 불어넣는 것이다. 거듭 강소하거니와 영적으로 생각하는 습관을 계발하지 않는 신자는 생명과 평안을 누리지 못한다.

기도와 성경 읽기에 시간을 할애하라

그리스도인은 합법적인 직업을 잘 감당하려고 노력해야 한다. 게으름은 죄로 들어서는 첫걸음이다.

영적인 마음은 세상일에 방해되지 않는다. 항아리가 왕겨 세속적인 것로 가득할지라도 당신은 그 속에 여전히 많은 물영적인 것을 부을 수 있다.

세속적인 일에 종사하는 동안 영성을 유지하기 위해서는, 하루 중 얼마의 시간을 기도와 성경 읽기에 할애해야 한다. 매일 일정한 시간이어야 한다. 그렇게 하지 않으면 다른 문제가 밀고 들어와 그 시간을 대신 차지할 수 있다.

가장 정신이 맑은 시간을 고르라. 우리는 가장 좋은 것으로 하나님을 섬겨야 한다 말라기 1:8. 경건한 마음 자세를 가지라. 당신의 시간을 경건하게 보내기를 갈망하라. 그것을 지겨운 의무로 여기지 말라.

그렇게 하면 자동적으로 성공적인 묵상이 이루어지는 것은 아니겠지만, 적어도 성공적인 묵상으로 나아가게 하는 것만은 분명하다. 인내심을 가지라.

하나님의 도우심을 구하라

그렇게 해도 여전히 묵상을 기뻐하는 마음이 생기지 않는다면, 하나님의 도우심을 구하라이사야 38:14. 하나님은 진지하게 당신을 찾는 자들을 받아들이신다.

완벽한 기도가 아니더라도 좋다. 부르짖는 간구라도 활용하라. 묵상은 완벽한 기도의 문제가 아니라 하나님의 임재에 대한 자각의 문제이다.

앞장에서 제시된 특정 주제들을 생각하는 것도 도움이 될 수 있다. 혹은 당신의 삶에서 의미심장했던 영적인 경험을 생각해 보라.

낙심하지 말라

끝으로 묵상이나 영적인 마음을 갖기 위한 당신의 노력이 약하거나 힘들다고 해서 낙심하지 말라. 당신의 하나님이

"상한 갈대를 꺾지 아니하며 꺼져가는 등불을 끄지 않으시는" 분임을 이사야 42:3 기억하라.

설령 영적인 마음을 함양하려는 노력을 통해 얻은 결과가 당신의 추악함과 무가치함에 대한 더욱 뚜렷한 자각뿐이라고 해도, 당신은 그 모든 노력과 수고의 대가를 충분히 받은 셈이다. 하지만 거기서 끝나지 않는 경우도 있다.

의식적으로 경건을 연습하는 자들에게 영적인 마음이 자라기 마련이다.

The Grace and Duty of
Being Spiritually Minded

영의 생각이란 무엇인가?

영의 생각은 신자 속에서 일어나는 새로운 영적 생명의 활동으로,
영적인 것에 집중하고 그것에 대한 사랑을 키우며
그럼으로써 지극한 만족을 누리는 것이다.

영적인 열매를 맺는 참된 영의 생각은
영적인 것을 지속적이고도 일관되게 묵상하는 것이다.

영의 생각을 개발하려면 섭리를 통한 하나님의 말씀에 귀 기울이고,
닥쳐온 시련과 시험의 의미를 주의 깊게 생각하며,
성경 진리로 마음을 채워야 한다.

그리스도에 대한 묵상은 이생의 곤경을 견디는 최선의 방법이며,
하나님을 생각하며 기쁨과 경외감을 느끼는 것은
영적인 마음을 가지고 있다는 분명한 증거이다.

영적인 마음을 가지려면 겸손한 마음으로 세속적인 일을 멀리하고
갖가지 유혹에 저항하며 하나님의 도우심을 간구하라.
기도와 성경 읽기로 자신을 단단히 무장하라.

"육신을 따르는 자는 육신의 일을, 영을 따르는 자는 영의 일을 생각하나니 육신의 생각은 사망이요 영의 생각은 생명과 평안이니라……만일 너희 속에 하나님의 영이 거하시면 너희가 육신에 있지 아니하고 영에 있나니" 로마서 8:5-9

영적 변화, 즉 거듭남 없이는
영적인 것에 대한 진정한 사랑은 있을 수 없다.
이 영적 변화는 지속적으로 영과 혼과 몸 전체에 영향을 끼치며
영적인 것을 사모하고 그에 헌신하도록 한다.
그리고 이와 같은 영적 갱신의 증거이자 결과인 영적인 마음은
영적인 것을 일관되게 사랑하고 영적 진리에서 기쁨을 발견하며
자주 생각할 때 성장한다.

The Grace and Duty of
Being Spiritually Minded

John Owen

PART 2

영적인 마음은
어떻게 기를 수 있는가?

CHAPTER 11

영적인 마음을 갖도록
하나님이 격려하시는 방법

영적인 마음은 영적인 것들을 기뻐하며 또한 그 기쁨을 통해 자란다. 우리가 사랑하는 것은 우리를 사로잡는 것이다.

하늘과 땅 중 과연 어느 것이 우리를 사로잡는가? 우리의 사랑을 갖는 자가 우리의 전부를 갖는다. 사랑은 우리 자신을 내어 주게 한다. 다른 어떤 것도 그렇게 하지 못한다.

우리의 사랑은 마치 배의 키와 같다. 키가 향하는 방향으로 배가 나아간다.

세상이 우리의 사랑을 차지하려는 것은 놀라운 일이 아니다. 세상은 우리의 사랑를 받으려고 애써야 한다. 왜냐하면 그것은 끝장날 운명에 처해 있기 때문이다.

그러나 하나님이 우리의 사랑을 구하시는 것은 정말 놀라운 일이다 잠언 23:26. 따라서 우리의 사랑을 세상으로부터 하나님께로 돌이킬 방법들을 생각해 보는 것은 매우 유익하다. 세상과 관련한 하나님의 가르침을 무시하는 것은 그분의 지혜를 멸시하는 짓이다.

영적인 것과 이생의 것을 비교하여 세상의 허탄함을 보여주신다

하나님은 영적인 것들과 비교하여 이생의 것들이 덜 중요함을 분명히 밝히셨다.

죄가 세상에 들어오기 전 하나님은 이 세상을 가리켜 매우 좋다고 말씀하셨다. 그러나 지금은 죄 때문에 세상이 저주 아래 있다. 하나님은 그리스도인들에게 세상을 사랑하지 말라고 하셨다.

"이 세상이나 세상에 있는 것들을 사랑하지 말라 누구든지 세상을 사랑하면 아버지의 사랑이 그 안에 있지 아니하니 이는 세상에 있는 모든 것이 육신의 정욕과 안목의 정욕과 이생의 자랑이니 다 아버지께로부터 온 것이 아니요 세상으로부터 온 것이라 이 세상도, 그 정욕도 지나가되 오직 하나님의 뜻을 행하는 자는 영원히 거하느니라" 요한일서 2:15-17.

그리스도에 대한 세상의 반응을 보고 경계하게 하신다

하나님은 친히 행하신 몇 가지 일을 통해, 세상이 우리의 사랑을 받을 가치가 없다는 사실을 분명히 보여주셨다.

세상의 본성은 그리스도의 삶에 대한 반응을 통해 확연히 드러났다. 그분의 삶은 흠 없고 선했지만, 세상은 그분을 거부했다. 그 거부는 세상 견해의 부패성을 생생하게 드러낸다. 그리스도를 십자가에 못박은 가치관과 견해들을 신자가 사랑할 수 있을까?

사도에 대한 세상의 태도를 통해 그 비열함을 보여주신다

또한 하나님은 사도들을 대했던 세상의 태도를 통해 세상의 비열한 특성을 보여주신다.

사도들은 영화로운 하나님 나라의 기초를 이 땅에 놓고 있었다. 따라서 세상은 그들을 기쁘게 받아들였어야 했다. 하지만 그들은 궁핍과 핍박 속에서 살다가 죽었다 고린도전서 4:11-13.

불신자에게 부귀를 허용하여 세상에 대한 경멸을 표현하신다

하나님은 종종 불신자들에게 세상의 부와 권력을 허용함을 통해 죄악 된 이 세상에 대한 경멸을 표현하신다.

현자가 돼지에게 내던지는 것들을 가치 있게 여기는 사람은 아무도 없을 것이다. 세상에서 가장 부유하고 힘 있는 자 중에는 불신자와 경건하지 못한 자들도 있다. 이는 이 세상의 부귀에 대한 하나님의 경멸을 보여주지 않는가? 그것들 자체가 큰 가치를 지녔다면, 하나님이 그것들을 사랑하는 자들에게 주시지 않겠는가?

세상 것에 대해 신자가 취해야 할 태도

물론 세상 것들을 올바로 사용하는 방법도 있다. 올바른 사용법을 모를 때 문제가 생긴다.

그 올바른 방법을 찾는 지혜는 영적인 마음을 가진 자들에게만 주어진다. 그들은 세상 것들을 너무 사랑할 경우의 위험성을 알고 있다. 그들은 이 모든 것을 자신을 위해 얻으려고 조바심내지 않는다. 왜냐하면 그들은 이생의 유익들이 자신의 소유가 아니라 잘 활용하기 위해 잠시 빌린 것임을 알기 때문이다.

이 세상 것들에 대한 신자의 태도는 그들이 영적인 마음을 지녔는지의 여부를 잘 드러낸다. 영적인 것들에 몰두하지 않는 한 아무도 이생의 것들에 대해 초연해질 수 없다. 어떤 것을 덜 생각하기 위해서는 다른 어떤 것을 더 많이 생각해야 한다.

세상 것들에 대한 우리의 사랑은 엄격히 절제되어야 한다. 하나님이 경멸하시는 것을 우리가 어떻게 사랑할 수 있겠는가? 이 세상을 향한 사랑은 저절로 시들지 않는다. 우리는 그 지배를 받지 않도록 의도적인 노력을 기울여야 한다. 오직 하나님 말씀의 지배를 받아야 한다

"누구든지 그의 말씀을 지키는 자는 하나님의 사랑이 참으로 그 속에서 온전하게 되었나니 이로써 우리가 그의 안에

있는 줄을 아노라"요한일서 2:5.

그리스도인의 영성이 매우 열심인 것처럼 보일 수도 있다. 그러나 우리가 세상도 사랑한다면, 우리의 영성은 열심이 아니라 세상을 사랑한다는 그 사실에 의해 평가된다.

그렇다면 우리가 영적인 것들을 진정으로 사랑하는지 어떻게 알 수 있을까? 이것이 바로 다음 장에서 다룰 주제이다.

CHAPTER 12
영적인 것에 대한 진정한 사랑

영적인 것들에 대한 사랑과 기쁨이 없다면, 우리는 영적인 마음 상태일 수 없다.

그러면 우리의 사랑이 참되다는 사실을 어떻게 알 수 있을까? 영적인 사랑이란 무엇인가?

다음 장들에서 나는 이것을 정의하고 그 특성을 설명하면서 영적인 사랑을 고무하는 법을 제시할 것이다.

영적인 사랑의 전제 조건, 영적 변화

먼저 이 사실로부터 시작하자. 하나님의 은혜와 초자연적인 능력을 통한 영적 변화, 즉 거듭남이 없이는 영적인 것들에 대한 진정한 사랑이 있을 수 없다.

이 사실에서 시작해야 하는 이유는 영혼의 모든 자연적인 활동들이 죄성으로 인해 부패했기 때문이다.

"우리도 전에는 어리석은 자요 순종하지 아니한 자요 속은 자요 여러 가지 정욕과 행락에 종 노릇한 자요 악독과 투기를 일삼은 자요 가증스러운 자요 피차 미워한 자였으나" 디도서 3:3.

인간의 부패한 영혼

여기서는 이 문제를 상세히 고찰하진 않고 몇 가지만 간략히 설명할 것이다. 모든 사람의 영혼이 부패했다는 사실은 성경 지식을 전혀 갖지 않은 사람들도 동의할 것이다. 사람이 그릇된 행동을 하기 쉽다는 사실은 누구나 잘 알고 있다. 이 부패성이 인간의 이성에 의해서도 분별될 수 있음을 볼 때, 이에 관한 성경의 가르침을 지니고서도 이것을 거부하는 자들의 무지는 얼마나 심각한가!

우리 모두가 본성적으로 그릇된 행실에 빠지기 쉽다는 사실은 특정한 행동에만 국한되지 않는다. 그러므로 근본적으로 죄악된 태도가 변화되지 않고서는 우리의 삶에서 단 하나의 죄악도 제거될 수 없다. 설령 특정한 한 가지 죄악을 중단할지라도 도덕적으로 병든 본성으로부터 다른 죄들이 쉽게 생겨나기 때문이다.

죄악된 본성의 자발성이 우리를 온갖 죄악으로 이끈다. 우리는 본능이 원하는 것을 행한다골로새서 3:5-7. 죄악된 본능에 복종하는 것이 어리석다는 이성의 소리를 들으면서도, 우리는 그 본능의 힘을 거부할 수 없다.

인간이 본성적으로 악함을 보여주는 가장 단순한 증거는 두 가지이다. 하나는 하나님과 영적인 것들에 대한 반감이고, 다른 하나는 마치 꿀단지 주변의 벌들처럼 세상적인 유익을 위해 달려드는 세상 사랑이다.

하나님의 은혜로 말미암지 않은 변화

실제적이긴 하지만 영적인 마음을 키워 주지는 않는 변화를 경험할 수도 있다. 이것은 하나님의 특별한 은혜와 초자연적인 권능으로 말미암은 변화가 아니다.

때로는 강력한 설교를 들음으로써 일시적인 감명을 받을 수도 있다 마태복음 13:20-21. 어떤 철학의 설득력에 의해, 비참한 경험을 통해, 또는 교육이나 새로운 책임감에 의해 변화되는 경우도 있다 사무엘상 10:9.

하지만 그런 변화들은 영적인 마음을 키워 주지는 못한다.

그것들은 욕구의 방향만을 바꿀 뿐이고 실제적인 욕구를 땅의 것으로부터 하늘의 것으로 바꿔 주지는 않기 때문이다.

이 땅에서 가장 아름다운 것을 사랑하는 것은 고무적이긴 하지만, 영적인 것들과는 무관하다. 길들여진 짐승이 피 맛을 보면 다시 야수가 되는 법이다.

때로는 불신자들의 끈기 있고 친절하며 유익한 삶이 영적임을 자처하는 이들을 부끄럽게 만든다. 하지만 인간 본성의 본질을 바꾸어 진정으로 영적인 마음을 갖게 할 수 있는 것은 오직 성령으로 말미암는 변화뿐이다에베소서 4:23.

CHAPTER 13

영적인 변화의 특징

앞서 보았듯이 어떤 사람들은 일시적으로 특정한 환경의 영향을 받아 삶의 태도를 바꾸기는 하지만 영적인 변화를 보이지는 않는다. 그렇다면 우리의 본성을 바꾸기 위해 하나님이 일으키시는 변화를 어떻게 알 수 있을까?

영적 변화는 어떤 조건에서도 지속된다

영적인 변화와 단순히 도덕적인 변화 사이의 한 가지 차이점은 도덕적 변화는 일시적일 뿐이라는 것이다. 어떤 변화는 오랫동안 지속되며 외적인 결실도 많이 맺는 것 같아 보여도 심한 곤경이나 핍박이 오면 곧 사라진다.

도덕적인 변화들을 무조건 멸시해서는 안 된다. 그 속에도 하나님이 계시기 때문이다. 그것은 구원에 이르게 하는 특별한 은혜로서가 아니라 그 은혜를 위한 준비로서의 의미를 갖는다.

따라서 그런 변화를 독려하되, 그것을 천국에 이르는 길로 신뢰하게 해서는 안 된다. 많은 사람이 이 섬에서 속는다.

영적 변화는 영과 혼과 몸 전체에 영향을 끼친다

단순한 습관의 변화와 참된 영적 갱신 간의 차이에 대해 생각해 보자. 먼저 영적 갱신은 영과 혼과 몸 전체에 관한 것이다데살로니가전서 5:23.

다른 감정보다 유난히 더 쉽게 우리를 죄에 빠트리는 감정이 있다. 두려워하기보다는 화를 더 잘 낸다거나 사랑보다는 미움에 더 잘 빠질 수도 있다.

그러나 참된 영적 변화는 우리의 모든 감정을 예외 없이 성화시킨다. 어떤 한 감정에 과도하게 빠지기 쉽다면, 그 감정이 통제될 때 비로소 참된 영적 변화가 분명해질 것이다.

참된 영적 변화는 결코 나아만처럼 말하지 않는다. "오직 한 가지 일이 있사오니 여호와께서 당신의 종을 용서하시기를 원하나이다" 열왕기하 5:18.

하나님은 삶의 일부가 아니라 전체를 요구하신다. 따라서 그리스도인의 주된 일은 모든 감정을 거룩한 영향력 아래 두는 것이다. 하나님은 이중적인 마음을 싫어하신다 호세아 10:2.

도덕적인 변화는 사람의 본성과 삶 전체에 영향을 미치지는 않는다. 사람이 자신의 행동을 어느 정도 조절할 수는 있지만, 삶의 어떤 영역들, 예를 들어 돈에 대한 집착이나 통제되지 않는 혀 또는 행위가 따르지 않는 믿음의 영향이 여전히 나타나기도 한다.

종교적인 열심이 대단한 척하면서 다른 신자들을 핍박했던 사람들에 대한 역사적 증거들이 많다. 자칭 그리스도인이 공개적인 자리에서는 육욕을 억누르지만 그 마음속에는 은밀한 욕망을 품을 수도 있다.

영적 변화는 영적인 것을 사랑하고 헌신하게 한다

단순한 도덕적 개선과 비교되는 참된 영적 갱신의 또 다른 표징은 영적인 모든 것을 예외 없이 사랑하는 것이다. 하나님의 것 중 사랑하는 것과 사랑하지 않는 것을 선택하거나, 하나님의 계명 중 순종할 것과 순종하지 않을 것을 선택하지 않는다.

진정으로 새로워진 사람이라면 하나님이 요구하시는 것을

성경의 가르침을 통해 받아들인다.

영적인 마음을 가진 사람은 하나님을 사랑하되, 그분이 베푸시는 유익 때문이 아니라 그분의 탁월성과 그분이 행하신 아름다운 일들 때문에 그분을 사랑한다.

영적인 마음을 가진 사람은 인간의 형체를 입은 하나님이신 예수 그리스도를 사랑한다. 그들은 하나님의 임재를 영적인 것들을 통해 알 수 있기 때문에 그것 모두를 사랑한다. 성경 진리가 하나님 말씀이기 때문에 그 모든 진리를 사랑한다.

그러므로 어떤 사람의 영적 갱신이 참된 것인지 보여주는 증거는 그의 존재 전체가 그 영향을 받으며 그가 영적인 모든 일에 헌신한다는 것이다. 영적 갱신의 참된 경험은 보편적이며, 주관적이면서 또한 객관적이다.

CHAPTER 14

예배에 대한 그릇된 만족

많은 사람은 하나님을 섬기는 예배에 참석하는 것을 즐거워한다. 하지만 그 즐거움 자체가 반드시 참된 영성의 표징은 아니다.

그 즐거움을 유발하는 것이 무엇인지 살펴보아야 한다. 그러면 참된 영적 변화와 단순한 도덕적인 성격 개선 간의 차이점을 발견할 것이다.

외적 예배 행위에 대한 만족

어떤 이들은 유창한 설교, 즐거운 찬양, 인상적인 예식 등 _{에스겔 33:31-32, 요한복음 5:35} 외적인 예배 행위에 관심이 많다. 예배가 신중하고 질서 있게 진행되어야 하는 것은 당연하다. 하지만 영적인 마음을 가진 사람은 이것들에만 관심을 갖는 것이 아니다. 그는 이것들이 참된 예배로부터 멀어지게 할 위험성을 자각한다.

두 사람이 정원을 만끽하고 있다. 한 사람은 정원의 색과 향기 때문에 즐거워한다. 다른 한 사람은 꽃과 풀들의 특성과 용도를 잘 알기 때문에 즐거워한다. 영적인 마음은 후자와 같다.

의무 이행에 따른 만족

종교적인 예배를 통한 만족은 단지 예배의 의무를 이행했다는 마음에서 생겨날 수 있다. 또 어떤 만족은 예배 참석이 죄책감을 줄여 줄 것이라는 생각에서 비롯될 수도 있다.

신자들도 의무감에서 영적인 행동을 할 수 있다. 그러나 어떤 만족을 얻기 위해 의무를 이행하는 것과 하나님을 더 잘 알기 위해 의무를 이행하는 것에는 분명한 차이가 있다.

영적인 마음을 갖지 않고서도 예배 참석을 통해 위안을 얻을 수 있는 이유는 그들이 그런 식으로 하나님의 인정을 받을 수 있다고 믿기 때문이다로마서 10:3. 그들은 스스로 의로워질 수 있다고 생각한다. 스스로 공적을 쌓았다고 생각함으로써 기쁨을 느낀다.

좋은 평판에 대한 만족

자신이 좋은 사람으로 알려지는 것을 은근히 즐기는 까닭에 종교적인 행동을 즐거워하는 이들도 있다. 어떤 이들은 다른 사람의 눈에 경건하게 보이는 것을 자랑스러워하기도

한다. 좋은 평판이 높아지는 것과 직결되는 종교 체계 속에서는 특히 그럴 수 있다.

미신적 개념에서 비롯된 만족

끝으로 종교적인 의무 이행에 따른 기쁨은 모든 종교인의 생각에 영향을 미칠 수 있는 미신적인 개념에서 비롯되는 경우도 있다. 재앙을 막기 위한 일종의 보증으로 종교를 이용할 수 있다. 영적인 마음을 가진 사람은 그런 목적으로 드리는 예배로부터 위안을 얻지는 않을 것이다.

내가 강조하고 싶은 것은 그릇된 동기에서 종교적인 행동을 하면서도 좋은 느낌을 받을 수 있다는 것이다. 세상의 예배 중에 하나님이 전혀 흠향하시지 않는 것들이 매우 많다. 다음 장에서는 영적인 마음을 가진 사람이 예배를 기뻐하는 이유들을 살펴볼 것이다.

CHAPTER 15

예배에 대한 참된 기쁨

영적인 마음을 가진 사람들은 하나님께 드리는 예배의 모든 측면들을 너무나 기뻐하므로 그 기쁨 없이는 살 수 없을 정도이다. 순교자들이 그토록 많은 이유도 바로 그 때문이다. 그들은 예배를 중단하기보다는 차라리 죽음을 택했다.

다윗은 예배 기회를 박탈당했을 때 영적인 마음을 가진 사람들이 경험하는 갈망을 자주 표현했다시편 42:1-4, 63:1-5, 84:1-4. 더욱이 예배 행위에 대한 예수 그리스도의 사랑은 너무나 자명했다요한복음 2:17.

영적인 사람이 종교적인 예배 의무에 참여함으로써 얻는 기쁨은 어떤 것일까? 이런 기쁨은 불신자가 예배에서 유익을 얻는 경험과 어떻게 다른가?

나는 이 두 부류의 사람 사이에서 중대한 차이를 보이는 몇 가지를 살펴보려 한다.

하나님을 향한 사랑을 고무시키는 예배

참된 영적 변화를 경험하는 사람들이 예배를 기뻐하는 이유는 하나님을 향한 자신의 믿음과 사랑과 기쁨이 그 행위를 통해 고무되기 때문이다. 그들은 형식적인 예배에 그치지 않는다. 하나님 앞에서 행하는 행위 자체는 무의미하다이사야 1:11, 예레미야 7:22-23.

하나님이 명하시는 모든 일은 그분을 향한 사랑과 신뢰와 즐거움과 경외심을 소생시키는 수단이다. 이것이 바로 영적인 마음을 가진 자의 경험이다. 그들에게 있어 예배는 하나님을 향한 더 큰 사랑을 자극하는 방법이다.

형식적이고 공허한 예배

영적 갱신을 경험하지 않은 사람들은 형식적으로 예배를 드리는 것 외에는 아무 것도 할 수 없다. 하나님은 껍질뿐인 형식을 미워하시므로, 그런 행동은 하나님을 오히려 모욕하는 짓이다. 이것은 비극이다.

하지만 그런 사람들이 달리 할 수 있는 것은 없다. 그들의 강력한 불신은 그들의 예배가 형식적일 뿐임을 의미한다.

"주께서 이르시되 이 백성이 입으로는 나를 가까이 하며 입술로는 나를 공경하나 그들의 마음은 내게서 멀리 떠났나니 그들이 나를 경외함은 사람의 계명으로 가르침을 받았을 뿐이라" 이사야 29:13.

예배를 위한 준비

그처럼 공허한 예배를 피하기 위해, 참된 신자는 예배 시간에 가장 큰 유익을 얻도록 자신을 준비한다.

하나님께 나아가는 유일한 길이 믿음임을, 하나님께 순종함을 확신할 수 있는 유일한 방법이 사랑임을, 그분을 가까이하는 삶을 살 수 있는 유일한 길이 경외와 기쁨임을 참된 신자는 알고 있다.

예배의 유익을 얻으려는 자들은 영혼의 이 모든 작용을 활용하고자 기대를 갖는다. 그 이유와 방법에 대한 관심을 갖지 않고 예배에 임하면 유익을 얻지 못할 뿐만 아니라 하나님으로부터 더 멀어진다.

나는 예배를 무시하는 신자가 영적으로 형통하는 경우를 본 적이 없다. 따라서 참된 예배의 특성에 대해 좀 더 생각해 보는 것이 좋을 것이다.

하나님이 우리를 예배로 부르시는 목적은 믿음과 사랑을 성장시키려는 것이다. 이것은 자동적으로 되는 일이 아니다. 우리는 예배에 참석하기 전 자신을 준비할 필요가 있다. 예배드리는 동안 우리의 마음과 생각을 삼가 살펴야 한다 전도서 5:1-2.

우리는 참된 의미와 능력보다는 외적인 형식에 더 많은 관심을 기울이기 쉽다. 예배에는 하나님이 원하시는 것들만 포함되어야 한다. 하나님의 말씀 속에 분명히 지시되지 않은 종교 예식들로 말미암는 즐거움은 믿음이 아니라 공상에서 나온 것이다.

참된 예배의 기쁨

예배 인도자들이 더 많은 기쁨을 얻을 수 있다는 것은 사실이다. 이것은 그들이 교육이나 예법을 더 갖추어야 하기 때문이라기보다는 필요한 영적 은사에 더 충실해야 하기 때문이다.

예배의 효과가 이처럼 차이를 보일 수 있지만, 변함없는 사실은 참된 예배의 기쁨이 영적으로 새로워진 자들의 믿음과 사랑을 북돋운다는 것이다. 이것은 순전히 인간적인 기술의 탁월성을 느끼는 데서 오는 기쁨과는 다르다.

예배를 통해 새로워진 영혼은 그리스도의 사랑을 확신한다. 이는 성령이 우리를 위해 하시는 일이다로마서 5:5. 성령은 예배를 통해 그렇게 하신다.

예배를 드리면서 거듭난 신자는 마음 문을 두드리시는 그리스도의 음성을 듣는다요한복음 14:23, 요한계시록 3:20. 예배는 하나님이 사랑하는 자들을 만나러 오시는 동산이다아가 7:12. 이전에 그리스도께로부터 받은 은혜를 기억함으로써 앞으로 더 큰 기쁨을 경험하게 될 것이다.

예배를 드리면서 다른 생각들로 가득하거나 마땅히 생각해야 할 것들을 무시한다면, 미지근함과 냉담함과 무관심에 빠져들 것이다. 마음속에 일어나는 이런 부패의 조짐들에 주의해야 한다.

끝으로 영적으로 새로워진 이들은 예배를 기뻐한다. 이는 그렇게 하는 것이 예배의 대상이신 하나님을 영화롭게 하는 것임을 알기 때문이다.

예수님은 제자들에게 가르치신 기도에서 그 점을 분명히 하셨다 마태복음 6:9-13. 이 기도는 하나님의 영광이 이 땅에 드러나기를 바라는 갈망으로 가득하다. 신자의 안전과 영적인 형통은 그 기도의 응답에 달려 있다. 하나님을 향한 우리의 사랑은 그분의 영광을 갈망하게 한다. 따라서 신자는 그 영광을 드러내는 것이면 무엇이든 기꺼이 한다.

이러한 갈망 없이 예배로 나아가는 자들은 참된 영적 기쁨을 경험하지 못하고 하나님 앞에서 부질없이 자신을 영화롭게 하려 한다.

CHAPTER 16

영적인 마음이
성장하기 어려운 이유

    때로 삶은 상황에 의해 변한다. 그런 변화는 영적인 갱신에 의한 변화와는 다르다. 그 차이에 대해서도 앞서 어느 정도 살펴보았다.

    가장 큰 차이 중 하나로 지금 언급하고 싶은 것은 참된 영적 갱신이란 믿음에 의해 얻어진다는 사실이다. 다른 종류의 변화들은 미신적인 상상에서 생겨날 수 있다.

믿음에 의해 이루어지는 영적 갱신

참된 영적 갱신은 믿음의 인도 아래 이루어진다. 말하자면 믿음은 무엇을 사랑할 것인지 지시해 준다. 믿음에 기초한 사랑에서 비롯되지 않은 모든 행동은 영적인 마음과는 무관하다히브리서 11:6.

하나님 앞에서 자신의 죄성은 자각하지만 그리스도를 향한 구원의 믿음을 갖지 않은 사람들은, 그 자각을 잊어버리거나 또는 자신의 노력으로 죄책감을 제거할 수 있다고 생각하고 미신적인 행동에 빠져든다.

믿음은 단순한 이성으로서는 아무런 매력도 느끼지 못하는 영적 진리들을 이해하고 사랑하게 하는 수단이다에베소서 1:17-19. 우리가 더욱 더 믿음으로 이해할수록 영적 진리에 대한 사랑과 헌신도 더 성장하고 영성이 더욱 깊어진다고린도후서 3:18. 신자의 마음 상태는 자신이 좋아하는 것으로 변해 간다.

베드로가 언급한 불신자의 모습과 비교해 보라. 그들이 좋아하는 것들은 그들의 음란한 모습에서 드러난다베드로후서 2:14. 좋은 것이든 나쁜 것이든 우리는 자신이 좋아하는 것을 닮아간다.

영적인 마음이 더디게 성장하는 이유

때로는 영적인 마음의 성장이 매우 더딘 듯하다. 영적인 것에 대한 사랑이 마치 사막의 관목처럼 거의 자라지 않는 것처럼 보인다. 이는 우리가 현재의 영성에 만족하기 때문일 수 있다.

자신이 거듭났다고 믿으면서도 더 성장하고 더 거룩해지며 또한 더욱 그리스도를 닮으려는 노력을 기울이지 않는다. 이것은 곤경에 처한 나라를 떠난 도피자가 다른 나라의 국경 지대로 숨어들지만 상황적으로는 이전보다 나아진 것이 거의 없는 것과 같다.

복음은 신자에게 죄 용서, 평안, 기쁨, 영적인 힘, 확신, 밝은 소망을 약속한다. 영적으로 죄 용서 그 이상을 경험하지 못한 그리스도인도 많다.

알 것, 경험할 것들이 너무나 많은데 그처럼 적은 것들로 만족하는 것은 어리석다. 어리석음 그 이상이다.

왜냐하면 그토록 많은 것이 있는데도 적은 것들로 만족하는 것은 작은 씨앗이 큰 나무가 된다고 하는 하나님의 기르침에 대한 거부이기 때문이다. 또한 그들의 행위는 번성한 하나님의 나라를 대망하는 구약성경의 영광스러운 약속들을 부인하는 것이다 시편 92:13-15, 이사야 40:28-31.

성장하지 않는 것은 수많은 영광을 약속하신 하나님의 은혜와 지혜와 신실하심을 멸시하는 짓이다. 또한 그것은 우리의 불신과 이기심의 증거이다.

우리는 용서를 받아들이지만 더 이상 진전을 보이지 않는다. 이것이 복음을 멸시하는 태도가 아니고 무엇이겠는가? 그럴 때 세상이 그리스도인을 경멸하지 않겠는가?

그토록 적은 영적 경험으로 만족하는 태도로는 영적 평안을 기대할 수 없다. 영적인 마음이 성장하는 것은 어려운 일이다. 하지만 그것이 어려운 이유는 우리의 삶 속에 영성과 상반되는 것들을 붙들기 원하는 마음 때문이다.

달리 말해 그 어려움은 영성에 있는 것이 아니라 우리 자신 속에 있다. 우리는 모든 장애물을 물리치기를 원하지 않는 것이다 히브리서 12:1.

혹은 영적 경험의 시작에 대해서만 줄곧 생각하며 새로운 일들을 경험하려고 노력하지는 않는 것에서 어려움이 비롯될 수도 있다 히브리서 5:12-14.

또는 그 어려움이 우리 속의 실제적인 죄악에서 비롯될 수도 있다. 부주의, 태만, 게으름, 그릇된 습관 같은 것들이다. 이것들을 계속 가지고 있는 한 영적 성장을 위한 노력은 헛될 뿐이다. 이럴 때 우리에게 필요한 것은 청량음료가 아니라 수술이다.

영적인 마음의 쇠퇴의 심각성

영적인 마음의 심각한 쇠퇴에 관해 생각하면서, 나는 한두 가지 문제를 더 언급하고 싶다.

사람들은 그런 쇠퇴의 심각성에 대해 자신을 속인다. 다른 여러 문제에 싸여 있음에도 불구하고 그들은 한 가지 죄악의 영향을 받고 있을 뿐이라고 스스로 생각한다.

하지만 한 가지 죄라도 의도적으로 즐긴다면 그것은 천 가지 죄악만큼 영혼을 파괴한다 야고보서 2:10-11. 자신을 한 가지 죄악으로만 제한할 수 있는 사람은 아무도 없다.

또한 삶 속에 있는 죄를 뽑아 내지 않으면서 하나님을 진정으로 사랑할 수 있다고 생각하는 것은 잘못이다 요한일서 2:15. 하나님을 그 무엇보다 더 사랑하지 않는 것은 그분을 전혀 사랑하지 않는 것이다.

지금은 죄를 범하지만 나중에 중단할 것이라고 생각하는 것도 잘못이다. 모든 죄를 지금 멀리하지 않는 사람은 진심으로 그것을 멀리할 의도가 없으며 이후로도 결코 멀리하지 않을 것이다.

그런 자기 기만은 영적인 마음의 쇠퇴를 가볍게 여기려 하므로 매우 위험하다. 그 기만은 외부로부터가 아니라 자신의 내면적 본성으로부터 생겨난다. 따라서 그것은 심각한 타락의 증거이다.

언젠가 이 상태에서 스스로 벗어날 수 있다고 생각하는 것은 자신이 처한 위험을 제대로 이해하고 있지 않음을 뜻한다. 쇠퇴의 상태부터 회복하는 것은 그리스도인에게 가장 힘든 일이다.

첫사랑을 회고하라

이제 영적 쇠퇴 상태로부터 구원받기 바라는 자들에게 몇 가지 조언을 하려 한다.

당신이 첫사랑을 회고하며 그것을 자신의 현재 모습과 비교해 보면 하나님께로 돌아가려는 마음이 생길 것이다. 하나님은 그 첫사랑을 즐거이 기억하시며예레미야 2:2, 그 사실을 기억할 때 당신은 자극받을 것이다. 구약의 많은 성도, 특히 시편 기자가 시련 중에 과거의 축복을 상기함으로써 스스로를 격려했다시편 42:4.

당신이 영적으로 성장하고 있지 않다면, 이는 당신의 심령 속에서 하나님의 역사를 아예 허용하지 않았거나 혹은 당신이 영적인 것들을 무시하고 완악해져서 이제 평범한 시도로는 회복될 수 없는 처지에 놓였기 때문이다.

   여기서 내가 관심을 기울이려 하는 자들은 이처럼 자신의 처지에 대해 만족하는 자들이 아니다. 이제 자신의 영적 쇠퇴로 인해 슬퍼하며 괴로워하는 자들에 대해 논의할 생각이다.

CHAPTER 17

영적으로 쇠퇴하는 이유

앞장에서는 영적으로 성장하지 못하는 것이 그런 상태에 만족하기 때문일 수도 있음을 밝혔다. 하지만 영적인 마음을 훼방하는 것 중 게으름보다 더 심각한 것이 있다. 그것은 성장 실패에 그치는 것이 아니라 실제적인 영적 쇠퇴로 이어지게 한다.

많은 회심자는 대단한 열정으로 그리스도인의 삶을 시작한다. 하나님은 이 첫사랑을 지켜보는 것을 좋아하신다. 하지만 이 같은 열정이 성령에 의해 새로워진 영혼으로부터가 아니라 흥분된 상상으로부터 나온 것이라면 위험하다.

그런 사람은 나이를 먹고 이 세상 지혜를 배워감에 따라 영적인 마음이 쇠퇴할 수밖에 없다. 영적인 연약함의 몇몇 형태들을 살펴보자.

곤경과 시련에 의한 연약함

시험의 때를 만나면 연약해질 수 있다. 곤경과 시련 속에서 신자들은 하나님이 자신을 버리셨다고 생각할 수 있다이사야 49:14. 그러나 하나님은 그들을 버리지 않으신다.

"여인이 어찌 그 젖 먹는 자식을 잊겠으며 자기 태에서 난 아들을 긍휼히 여기지 않겠느냐 그들은 혹시 잊을지라도 나는 너를 잊지 아니할 것이라"이사야 49:15.

그들은 마치 어두운 밤중에 길을 잘못 들었을까봐 염려하는 여행자와 같다. 하지만 앞을 잘 볼 수 없음에도 그들은 여전히 제대로 가고 있다. 이것은 내가 언급하려는 심각한 영적 쇠퇴가 아니다.

육신적 약함으로 인한 연약함

또한 신체적인 약함이 영적인 사랑을 드러낼 수 없게 하는 심각한 문제를 야기할 수도 있다. 이것은 연로한 신자들에게 종종 나타나는 현상이다. 이전에 했던 일을 더 이상 할 수 없다는 사실은 그들에게 짐이 될 것이다.

하지만 외적인 활동이 줄어든다는 것이 내적인 기쁨이 줄어듦을 뜻하지는 않는다. 연륜이 쌓이면서 지혜와 분별력과 같은 다른 특성들이 개발될 것이기 때문에 외적인 활동의 감소는 심각한 문제가 아니다.

그러나 노년에 신자가 이 세상 것들을 더 사랑한다면 이것은 연륜 때문이 아니라 죄의 힘이 커지기 때문이다. 이것은 예수 그리스도와 성령께 근심을 끼쳐드릴 수밖에 없다.

그런 사람에게는 하나님의 징계가 임할 수 있다. 그는 하나님 앞에서 의의 확신을 잃을 것이다. 이는 그가 진정한 그리스도인이 아님을 시사할 수 있다 요한복음 15:6.

영적 회복을 위한 노력

먼저 영적 활력의 상실이 당신에게 어떤 슬픔과 근심을 가져다주는지 생각하라. 그 슬픔이 영적 쇠퇴를 혐오하게 할 것이다. 성경에는 퇴보를 경고하는 강력한 말씀들도 많지만 하나님께로 돌이키는 자에게 주어지는 특별한 격려와 약속들도 많다는 점을 상기하라.

"여호와께서 이르시되 배역한 이스라엘아 돌아오라 나의 노한 얼굴을 너희에게로 향하지 아니하리라 나는 긍휼이 있는 자라 노를 한없이 품지 아니하느니라 여호와의 말씀이니라 너는 오직 네 죄를 자복하라 이는 네 하나님 여호와를 배반하고 네 길로 달려 이방인들에게로 나아가 모든 푸른 나무 아래로 가서 내 목소리를 듣지 아니하였음이라 여호와의 말씀이니라 여호와의 말씀이니라 배역한 자식들아 돌아오라 나는 너희 남편임이라 내가 너희를 성읍에서 하나와 족속 중에서 둘을 택하여 너희를 시온으로 데려오겠고"예레미야 3:12-14.

끝으로 영적인 마음을 곧바로 되찾기 위해 진지하고 철저한 노력을 기울이라. 성령에 의해 새로워진 영혼은 영적으로 다시 가다듬어질 수 있다. 갱신의 첫 경험이 영혼의 회복을 가능하게 한다.

CHAPTER 18
영적인 마음의 본보기

영적인 마음의 최고 본보기는 예수 그리스도이시다. 예수님처럼 영적인 생각의 지배를 받는 것은 우리의 의무이다. 그리스도의 마음에 관한 성경 말씀을 주의 깊게 연구하지 않고서는 그런 영성에 도달할 수 없다.

"너희 안에 이 마음을 품으라 곧 그리스도 예수의 마음이니"빌립보서 2:5.

영적인 마음의 안내서

우리는 영적으로 생각하는 습관을 개발함에 있어 성경을 안내서로 삼아야 한다. 자신을 훈련하는 내적인 노력, 영적인 마음을 외적으로 표현하는 방법 등 우리가 알아야 할 모든 것이 거기 담겨 있다.

성경의 지침을 무시할 때, 영성으로 이끄는 참된 방법 대신 온갖 어리석은 방법들을 취하게 된다. 사람은 하나님의 규례에 순종하기보다는 어리석은 미신과 허망한 의식들을 더 쉽게 받아들인다.

성경의 가르침을 신실하게 따르는 자들도 영적인 완전함에 도달하지는 못한다 빌립보서 3:12. 그렇다면 우리는 완전에 얼마나 가까워질 수 있을까? 이 점에 대해 두 가지를 생각해 보자.

영적인 것들에 대한 예민함

우리는 기회 있을 때마다 영적인 것들을 즐거워하는 수준에 이를 수 있다. 우리는 늘 그것을 갈망해야 한다. 하늘에 속한 것들에 대해 무감각하다는 것은 영적으로 병들었음을 뜻한다.

영적인 것들의 표현을 본질적이라고 말하는 것은 아니다. 그 표현은 각자의 은사에 따라 다르다. 내가 말하는 것은 영적인 진리 자체에 대한 미각이다. 이것은 언제나 달콤해야 한다. 배고픈 사람에게는 쓴 채소마저 달콤하다.

행해야 하는 의무가 있음을 믿음으로 이해할 때, 우리는 그 의무를 기꺼이 이행한다.

영적인 마음의 근원

성령의 갱신과는 다른 방법으로 삶이 변화되는 경우에는 상황이 매우 다르다. 육에 속한 사람은 영적인 양식을 늘 갈

급해 하지 않는다고린도전서 2:14. 그들은 성경적이지 않은 상상과 미신의 영향을 쉽게 받으며골로새서 2:18-19, 그로 인해 그릇된 예배에 빠져든다.

기독교계에 거짓 종교와 심지어 우상숭배마저 있는 이유도 바로 이 때문이다. 앞에서 보았듯 사람의 마음은 하나님의 은혜와는 다른 어떤 동기에도 영향을 받는다. 사람은 자신이 따라야 할 유일한 규정, 즉 성경을 무시하며, 그들의 종교는 자신의 비성경적인 마음에 적합한 수준에 머문다.

심지어 참된 그리스도인들마저 영의 생각에서 벗어나 쇠퇴의 길로 접어들 위험이 상존한다. 영적 갱신이 그리스도를 사모하게 한다는 사실만이 그들을 지켜준다. 세상의 모든 빛과 온기가 태양으로부터 오듯이, 모든 영적인 마음은 그리스도로부터 온다.

CHAPTER 19

영적인 것의 유익

우리는 자신의 마음을 끄는 것을 사랑한다.

영적인 것들과 관련하여 신자들의 관심을 끄는 것은 무엇일까? 진정으로 영적인 마음은 하나님을 사랑하는 확실한 이유를 댈 수 있다.

어떤 이들은 세상 것들을 사랑하는 이유는 알지만 하나님을 사랑하는 이유를 말하진 못한다. 또 어떤 사람들은 하나님께로부터 받는 유익들 때문에 그분을 사랑한다고 말한다 욥기 1:9-11, 요한복음 6:26. 어떤 이들은 하나님께 대한 두려움 때문에 그분을 사랑하는 체한다. 종교적인 의식의 광경이나 모습에서 즐거움을 찾는 이들도 있다.

하나님이 행하시는 일의 아름다움을 깨달음

참된 신자는 그리스도 안에서 그리고 성령에 의해 하나님이 행하시는 모든 일을 선하고 아름답게 받아들인다. 또한 하나님이 행하시는 일이 영적으로 꼭 필요하다는 점을 기쁨으로 발견할 때, 그분의 아름다움과 선하심에 대한 갈망은 더욱 커진다.

영적인 것들이 이생의 그 어떤 것보다 더 절실하게 필요하다는 점을 우리가 깨달을 때, 영적인 마음은 깊어진다 시편 19:10, 119:72, 잠언 8:11. 이 방법으로 자신을 테스트한다면 종종 우리는 실패자로 판명날 수도 있을 것이다.

영적인 마음을 함양하는 일보다 이생의 유익을 얻는 일에 시간과 힘을 훨씬 더 많이 투자한다면, 과연 자신이 하나님을 진정으로 사랑한다고 말할 수 있을까?

무한하고 영원한 기쁨

영적인 경험을 통한 기쁨은 이것이 무진장한 원천에서 생겨남을 깨달을 때 더욱 커진다. 이생의 모든 것에는 끝이 있다. 기쁨은 일시적이다.

하지만 영적인 기쁨은 하나님께로부터 말미암으며, 무한하고 영원하다. 영적인 기쁨이 다른 어떤 것보다 더 매력적인 것도 바로 이 때문이다.

그리스도 안에서 성령을 통해 하나님이 신자들을 대하시는 방식은 지혜로 가득하다로마서 11:33, 고린도전서 2:7, 에베소서 3:10. 성경에서 하나님이 우리에게 보여주신 영적인 진리들은 너무나 체계적이고 고귀하다.

지성적인 사람들은 항상 지혜를 소중하게 여기지만, 신자의 경우에는 죄로부터 구원받는 방법을 알려주시는 하나님의 지혜를 깨닫는 특권까지 누린다. 불신자는 그 지혜를 알 수 없지만 신자에게는 그것이 강력한 매력을 발휘한다.

고상한 변화

또한 영적인 것들의 특별한 유익은 이것을 생각하는 신자의 삶이 개선된다는 점이다. 육체적 감각을 만족시키려는 욕구의 영향을 주로 받는 사람은 짐승처럼 변해 간다.

고상해지는 방법은 고상한 것들을 생각하는 것이다빌립보서 4:8. 영적인 것들을 사랑하는 법을 배우는 것이 그것의 유익을 누리는 방법이다.

신자가 이생에서 완전한 사람이 될 수 있다는 말은 아니다. 그러나 영적인 마음은 완전으로 나아가는 길이다.

미리 맛보는 천국의 축복

끝으로 영적인 것들로 인한 현재의 기쁨은 하늘의 축복을 미리 맛보는 것이다. 지금은 부분적이지만 그때에는 온전할 것이다. 지금은 맛보기만 하나 그때에는 온전히 누릴 것이다. 하나님 안에서 누리는 즐거움은 하늘을 미리 맛보게 하는 유일무이한 기쁨이다.

CHAPTER 20

영적인 마음을 갖는 방법

이제 영적인 마음을 갖기 위한 실제적인 방법 몇 가지를 살펴볼 시점이다. 몇 가지 필수적인 조건들이 충족되어야 영적인 마음을 가질 수 있다.

영적인 것을 일관되게 사랑하라

먼저 영적인 것들을 향한 우리의 사랑은 일관되어야 한다. 어떤 것에 대한 애착은 그것을 얼마나 사랑하느냐에 달려 있다. 우리가 영적인 마음을 개선하려 한다면, 영적인 것들을 일관되게 사랑해야 한다.

그처럼 일관된 사랑을 갖지 못하는 데에는 몇 가지 이유가 있다. 영적인 것들을 제대로 이해하지 못하고 삶의 어떤 힘든 상황 때문에 그것들을 머리로만 인식한다면, 상황이 개선된 후에는 영적인 것에 대한 사랑이 덜해질 수도 있다.

혹은 하나님의 성령에 의해 진정으로 새로워지지 않은 사람은 처음에는 종교적인 의무들에 매력을 느낄 수 있지만 얼마 지나지 않아 그것들이 지겨워진다. 그런 의무들은 그에게 여전히 남아 있는 자연적인 본성과 더불어 갈등을 빚기 시작할 것이다.

그러므로 영적인 것들에 대한 가변적인 사랑으로 만족하지 말자. 많은 사람이 이런 식으로 속는다. 영적인 마음 자세를 가다듬는 방법은 영적인 것들을 향한 확고하고 일관된 사랑이다 고린도전서 15:58.

영적 진리를 즐거워하라

영적인 것들을 일관되게 사랑하려면 그것들을 즐거워해야 한다. 식욕을 돋우는 것은 음식의 맛이다. 영적인 것들이 자신에게 너무나 긴요함을 발견할 때, 신자들은 그것들을 즐기워할 수 있다. 신자들에게 있어 영적인 것들을 갈급하게 하는 것은 영적인 미각이다.

영적 진리에 대한 기쁨을 발견할 때, 사람들은 더 많은 기쁨을 갈망한다. 그런 기쁨을 느끼기 힘든 것 같을 때에는 특히 그렇다.

신체의 질병은 식욕을 잃게 한다. 영혼의 건강에 있어서도 마찬가지다. 어떤 죄성이 우리를 영적으로 병들게 하면 우리는 영적인 미각을 잃을 것이다. 그러나 영적인 의무와 진리들에 대한 애착이 생길 때, 신자들은 건강을 회복하려는 그리고 이전의 경험을 다시 즐기려는 갈망을 느낀다.

영적인 것을 자주 생각하라

영적인 것들을 자주 생각할 때에도 그에 대한 일관된 사랑이 고무된다. 어떤 것을 좀처럼 생각하지 않는다는 것은 그에 대한 신실한 사랑이 없음을 뜻한다. 많은 사람이 하나님을 사랑하는 체하지만, 좀처럼 그분을 생각하지 않고 그분의 말씀을 묵상하지도 않는다.

기도하고 죄악을 경계하며 믿음으로 행하라

영적인 것들을 일관되게 진정으로 사랑하면 다른 것들을 더 사랑하려는 모든 유혹에 맞설 수 있다. 유혹은 우리의 애착이 그것들에 향할 때에만 효력을 발휘한다. 사단이 때로는 악한 생각을 우리 마음속에 직접 넣기도 하지만, 유혹은 우리의 애착이 가는 영역에서 생겨난다.

우리의 사랑을 끄는 것이 우리를 사로잡는다.

우리는 이생의 것들을 어느 정도 사랑하는 것이 나쁘지 않고, 그것들을 향한 사랑이 이번뿐이며 겨우 한 가지만 사랑할 뿐이라고 주장한다. 때로는 이생의 것들을 잃을지도 모른다는 두려움이 영적인 것들에 대한 사랑보다 더 큰 영향을 미칠 수도 있다.

이런 시험을 극복할 수 있게 하는 것은 하나님의 것들을 향한 강하고 일관된 사랑뿐이다. 이 사랑을 유지하기 위해 간절히 기도하고, 죄악을 경계하고, 믿음으로 행하며, 또한 매일 자신을 점검해야 한다.

영적인 것들을 확고하고 일관되게 사랑할 때 우리 주변에 가해지는 불신 세계의 압박에 더 잘 대항할 수 있다. 중요한 어떤 일에 착수하는 사람은 그것을 자주 생각할 것이며, 덜 중요한 다른 것들을 생각하느라고 시간을 허비하지 않을 것이다.

우리는 육체적인 감각과 상상을 유혹하는 것들을 면밀히 점검해야 한다. 왜냐하면 우리의 마음을 영적인 것들로부터 멀어지게 할 수 있기 때문이다로마서 6:13.

영적인 것들에 대한 일관되고 지속적인 사랑은 우리의 마음을 차지하는 것들을 통제할 수 있는 유일한 방법이다.

CHAPTER 21
영의 생각은 생명과 평안

로마서 8장 6절의 "육신의 생각은 사망이요 영의 생각은 생명과 평안이니라"는 말씀에 대한 연구에 있어서 우리에게 남은 일은 어떻게 영의 생각, 즉 영적인 마음이 생명과 평안일 수 있는지 이해하는 것이다.

나는 이것을 두 단계로 설명할 것이다.

첫째, 생명과 평안이 무엇을 뜻하는가?

둘째, 어떻게 영적인 마음이 생명과 평안일 수 있는가?

영적 생명의 특권

신자가 지닌 영적인 생명은 세 가지의 엄청난 특권을 포함한다.

첫째, 하나님 앞에서 의롭다 하심을 받는 특권이 있다로마서 5:17. 신자에게는 영생을 얻는 권리가 주어진다.

둘째, 영적인 것들을 사랑하는 마음을 갖는 특권이 있다로마서 8:9. 이 생명의 힘으로, 신자들은 거룩해지며 그 거룩성이 자라기 시작한다. 이 거룩은 하나님에 의해 살아난 영혼 안에 있는 새 생명의 열매이며 증거이다.

셋째, 이 새로운 삶을 매일 실제적으로 누리는 기쁨이 있다. 이 경험을 통해 얻는 위안이 그리스도인의 삶을 가치 있게 만든다. 영의 생각이 생명이라고 했던 바울의 말도 바로 이런 뜻이다. 그것은 이생의 기쁨의 원천이다.

신자가 누리는 이중의 평안

그리고 신자에게는 이중의 평안이 있다.

하나님이 그리스도로 말미암아 그들을 의롭게 여기셨으므로 그들은 하나님과 화평하다. 하나님이 더 이상 그들에게 진노하지 않으신다.

또한 그들 속에 거하시는 성령의 열매인 평안이 있다. 평안은 서로를 향한 그리고 삶의 모든 상황에 대한 은혜롭고 평온한 마음 자세이다 갈라디아서 5:22-23. 이 평안은 상처를 입거나 근심하거나 핍박에 처한 신자에게 큰 힘의 원천이다 시편 119:165. 모든 영적인 것의 탁월함을 경험으로부터 알 때 이생의 곤경들을 차분히 견딜 수 있다.

"이것을 너희에게 이르는 것은 너희로 내 안에서 평안을 누리게 하려 함이라 세상에서는 너희가 환난을 당하나 담대하라 내가 세상을 이기었노라" 요한복음 16:33.

영의 생각은 생명과 평안

하나님의 사랑을 감지하는 유일한 길

그렇다면 영적인 마음이 어떻게 생명과 평안일 수 있을까? 여기서는 이 질문에 대한 답을 몇 가지 제시하려 한다.

영적인 마음은 하나님의 사랑을 감지하는 유일한 길이다. 우리의 구원이 순전히 하나님의 은혜이며 우리의 노력에 의한 것이 아니지만, 이 구원을 지속적으로 누리려면 영성을 위한 집요한 노력이 필요하다. 이 일을 게을리한다는 것은 생명과 평안으로부터 멀어짐을 뜻한다아가 5:2-3.

영적인 마음이 그토록 중요한 이유는, 그것이 하나님의 사랑을 받아들일 수 있는 유일한 마음 자세이며, 하나님의 사랑을 제대로 인식할 수 있는 유일한 마음 상태이고, 영적인 특권들을 올바로 활용하는 법을 알 수 있는 유일한 태도이며, 또한 죄악의 영향으로부터 우리를 지킬 수 있는 유일한 방패이기 때문이다.

그러므로 영적인 마음을 가지려는 열심이 없다면 생명과 평안을 갖는 즐거움을 기대할 수 없다.

종교적 의무를 이행하게 하는 유일한 방법

또한 영적인 마음은 종교적인 의무를 이행하게 하는 유일한 방법이다. 우리가 영적인 것의 영향을 받지 않는다면, 너무나 쉽게 다른 것들에 미혹될 수 있다. 영적인 마음을 지키지 않는다면 죄책감이 우리를 낙심에 빠트릴 수 있다.

일관되고도 규칙적인 영적 마음 자세가 없다면 우리는 쉽게 지루해진다. 영적인 의무들에 대해서도 그렇다. 어떤 것에 대한 끊임없는 기쁨이 있는 곳에는 지루함이 없다. 적어도 포기하고 싶은 마음은 없다.

영적인 마음은 어떤 상황에서든지 그리스도처럼 대응할 준비를 갖추게 한다. 단순한 의무감에서 나오는 종교적인 행위는 생명과 평안을 가져다주지 않는다. 반드시 열정이 있어야 하며, 이것은 영적인 마음의 자세에서만 나온다.

천상의 것에 대한 최선의 맛보기

끝으로 영적인 마음은 하늘의 것들을 이 땅에서 가장 잘 알 수 있게 한다. 우리의 영혼을 새롭게 하심으로써, 성령은 우리가 그리스도와 닮게 되는 일을 시작하신다. 이 성장 과정은 우리가 그분과 함께 영광 가운데 거할 때 완성될 것이다.

따라서 현재의 영의 생각은 장차 완전해질 상태에 대한 최선의 맛보기이다. 사도 바울이 말했듯이, "영의 생각은 생명과 평안"이다 로마서 8:6.

The Grace and Duty of
Being Spiritually Minded

영적인 마음은 어떻게 기를 수 있는가?

영적 변화 없는 영적인 것에 대한 사랑은 있을 수 없다.

영적인 마음의 성장이 더딘 것은 현재의 영성에 만족하기 때문이다.
이런 영적 게으름은 영적 쇠퇴로 이어질 수 있으므로 경계해야 한다.

영적인 마음은 영적인 것을 일관되게 사랑하고
영적 진리에서 기쁨을 발견하며 자주 생각할 때 성장한다.

구원을 얻은 그리스도인은
영적인 것을 사랑하는 마음을 갖게 되고 거룩해져 간다.
이 거룩함은 새 생명의 열매이자 증거이다.

또한 하나님과 화평한 관계가 된 그리스도인은
영적인 것의 탁월함을 아는 데서 오는 평온을 누리며
이생의 곤경들을 차분히 견딜 수 있다.

이와 같이 생명이자 평안인 영의 생각은
하나님의 사랑을 감지하고, 종교적 의무를 이행하며,
천상의 것들을 미리 맛보게 하는 유일한 길이자 최선의 방편이다.

"이 세상이나 세상에 있는 것들을 사랑하지 말라 누구든지 세상을 사랑하면 아버지의 사랑이 그 안에 있지 아니하니 이는 세상에 있는 모든 것이 육신의 정욕과 안목의 정욕과 이생의 자랑이니 다 아버지께로부터 온 것이 아니요 세상으로부터 온 것이라 이 세상도, 그 정욕도 지나가되 오직 하나님의 뜻을 행하는 자는 영원히 거하느니라" 요한일서 2:15-17

사명선언문

너희가 흠이 없고 순전하여……세상에서 그들 가운데 빛들로
나타내며 생명의 말씀을 밝혀 _ 빌 2:15-16

1. 생명을 담겠습니다
만드는 책에 주님 주신 생명을 담겠습니다.
그 책으로 복음을 선포하겠습니다.

2. 말씀을 밝히겠습니다
생명의 근본은 말씀입니다.
말씀을 밝혀 성도와 교회의 성장을 돕겠습니다.

3. 빛이 되겠습니다
시대와 영혼의 어두움을 밝혀 주님 앞으로 이끄는
빛이 되는 책을 만들겠습니다.

4. 순전히 행하겠습니다
책을 만들고 전하는 일과 경영하는 일에 부끄러움이 없는
정직함으로 행하겠습니다.

5. 끝까지 전파하겠습니다
모든 사람에게, 땅 끝까지, 주님 오시는 그날까지
복음을 전하는 사명을 다하겠습니다.

서점 안내

광화문점   서울시 종로구 새문안로 69 구세군회관 1층
　　　　　　02)737-2288 / 02)737-4623(F)

강남점　　서울시 서초구 신반포로 177 반포쇼핑타운 3동 2층
　　　　　　02)595-1211 / 02)595-3549(F)

구로점　　서울시 동작구 시흥대로 602, 3층 302호
　　　　　　02)858-8744 / 02)838-0653(F)

노원점　　서울시 노원구 동일로 1366 삼봉빌딩 지하 1층
　　　　　　02)938-7979 / 02)3391-6169(F)

일산점　　경기도 고양시 일산서구 중앙로 1391 레이크타운 지하 1층
　　　　　　031)916-8787 / 031)916-8788(F)

의정부점 경기도 의정부시 청사로47번길 12 성산타워 3층
　　　　　　031)845-0600 / 031)852-6930(F)

인터넷서점 www.lifebook.co.kr